高等学校公共基础课规划教材

体育与健康

主　编　杜彦玲　褚剑斌
参　编（按姓氏笔画排序）
于　佳　王　宁　孙　哲
杨　屹　张　伟　张　莹
武　斌　贺传宝　郭建海
黄　健　谢　超

西安电子科技大学出版社

内 容 简 介

本书是一部集理论与实践为一体的大学体育课教材，主要包括体育知识与健康、体育卫生与保健、体育文化与体质健康、运动技术四大方面内容。其中运动技术包含田径运动、足球、篮球、排球、乒乓球、羽毛球、网球、健美操、健美、24式简化太极拳、瑜伽、和球、排舞等以身体动作认知为主的体育知识技能，是根据学生面临的一系列动作学习的实际问题出发，既贴近学生体育学习的实际，又辅以必要的知识和方法的引导，可以更好地发挥学生学习的主动性、积极性和创造性。

本书可作为高等学校公共体育课程的教材。

图书在版编目(CIP)数据

体育与健康 / 杜彦玲，褚剑斌主编. —西安：西安电子科技大学出版社，2020.7（2022.8重印）

ISBN 978-7-5606-5850-6

Ⅰ. ①体… Ⅱ. ①杜… ②褚… Ⅲ. ①体育—高等学校—教材 ②健康教育—高等学校—教材 Ⅳ. ①G807.4

中国版本图书馆CIP数据核字(2020)第148154号

策　　划　秦志峰
责任编辑　成毅
出版发行　西安电子科技大学出版社(西安市太白南路2号)
电　　话　(029)88202421　88201467　　邮　　编　710071
网　　址　www.xduph.com　　电子邮箱　xdupfxb001@163.com
经　　销　新华书店
印刷单位　陕西天意印务有限责任公司
版　　次　2020年7月第1版　2022年8月第3次印刷
开　　本　787毫米×1092毫米　1/16　印张 12.5
字　　数　292千字
印　　数　3801～4800册
定　　价　39.00元
ISBN 978-7-5606-5850-6/G

XDUP 6152001-3

前　　言

习近平总书记在全国教育大会上指出:“以凝聚人心、完善人格、开发人力、培育人才、造福人民为工作目标，培养德智体美劳全面发展的社会主义建设者和接班人。”

体育不仅是一种身体运动，还是一种生活方式、一种教育手段、一种精神载体，是培养健康体魄、塑造健全人格、促进人的全面发展的有效途径。高等学校的体育工作一定要站在国家战略层面上规划教育教学任务，引导和教育大学生主动、积极地锻炼身体，掌握现代体育科学的基本知识、技能、技术和科学锻炼身体的方法；提高体育文化素养；培养学生顽强拼搏、勇攀高峰的精神品质；弘扬团结合作、公平竞争意识；树立民族自尊心、自信心和自豪感；增强爱国主义、集体主义观念；让学生在体育运动中活筋骨、增知识、调情感、强意志，增进身心健康；创造条件，提高有发展前途的学生的运动水平，为国家培养和输送优秀体育人才。

本书编写遵照国家战略发展要求，以国家颁布的《全国普通高等学校体育课程指导纲要》和《学生体质健康标准》实施办法为依据，充分发挥体育课程的教育、教学功能与作用，吸纳了多年来受学生喜爱的体育运动项目，坚持继承与创新、改革与发展；坚持实事求是，从教学实际出发，突出教学性、针对性、实用性、科学性、先进性，力求从教材体系和专业发展、教学内容、教学手段与方法掌握上进行改进、拓展；注重发挥锻炼身体的实效性和指导锻炼方法，以使教学对象能适应未来社会的需要，达到体育育人和强健体魄的目的。

本书由杜彦玲、褚剑斌主编，于佳、王宁、孙哲、杨屹、张伟、张莹、武斌、郭建海、贺传宝、谢超、黄健参编。

由于编者水平有限，书中欠妥之处在所难免，敬请广大读者批评指正。

编　者

2020 年 6 月

前言

目　录

第一篇　理论知识

第二篇　运动技术

第一篇　理论知识

第一章　体育知识与健康

随着社会的发展，人们对体育的认识逐步深化，因此体育的概念也随着体育事业的发展而变化。通过对体育的地位、功能、任务、目的和发展规律的阐述，可帮助读者正确理解体育的本质。

第一节　体　　育

一、体育的概念

体育的英文名为"physical education"，是指以身体活动为手段的教育，直译为身体的教育，简称体育。

广义的体育指体育运动，包含体育教育、竞技运动和身体锻炼，是指以身体练习为基本手段，以增强人的体质，促进人的全面发展，丰富社会文化生活和促进精神文明为目的的一种有意识、有组织的社会活动。它是社会文化的一部分，其发展受社会政治和经济的制约，并为社会的政治和经济服务。

狭义的体育指身体的教育，是一个发展身体，增强体质，传授锻炼身体的知识、技能，培养道德和意志品质的教育过程；是对人体进行培育和塑造的过程；是教育的重要组成部分；是培养全面发展的人的一个重要方面。狭义的体育是广义体育的一部分。

二、体育的功能

1. 体育的健身功能

1）体育对健康的作用

健康是指生理功能正常，无病理性改变和病态出现。近年来，随着社会进步和经济的不断发展，现代健康已不仅是指生理健康，还应兼备心理健康、社会环境适应能力、道德健康等。健康美是一种积极的健康观念和现代意识，一个拥有健康美的人，通常都具备良好的心肺耐力、肌肉力量及速度、爆发力、平衡性、灵敏性和柔韧性。

2）体育对增强体质的作用

体质是指人体自身的质量，是人体在形态、生理、生化和行为上相对稳定的特征。体质可以反映人体的生命活动、运动能力的水平，因此是选择锻炼身体的依据。

体质和健康的概念是不同的，同样健康的人其体质却千差万别，对一个人的体质强弱要从形态、功能、身体素质、环境的适应能力和抗病能力等多方面进行综合评价。

2. 体育的教育功能

(1) 体育可以改善学生性格，使学生活泼、开朗、积极向上，还可以磨炼意志，为将来的发展奠定基础。

（2）体育可以使学生养成良好的运动习惯，能够主动、积极地参与体育活动，激发他们对体育活动的浓厚兴趣。

（3）体育可以使学生塑造良好的身体姿态，发展学生的各方面能力，改善身体错误形态，促进身体全面发展，增强关注自己身体和健康的意识行为。

（4）体育可以使学生了解各种体育项目，学习体育知识，掌握体育技能。

（5）体育可以起到让学生释放压力，缓解精神紧张的作用。

3. 体育的娱乐功能

随着科技进步与经济发展，人们的生活水平与生活质量不断得到改善和提高。伴随激烈的竞争、文明病的侵蚀以及高频率工作节奏的压力，人们开始关注自身的发展，关注生活质量和生活内容。体育不仅是健身的载体，也是休闲娱乐、消除孤独寂寞、拓展交际、增进情感交流及交友的润滑剂。人们通过参加体育运动可以结识不同身份、年龄、性别的人，丰富精神生活和增进相互间的情感交流。

4. 体育的军事功能

体育的军事功能主要是战争和训练士兵的需要。人类历史上的暴力冲突和战争，促进了人们积极从事军事操练和与之有关的身体训练，使体育和军事的结合变得愈加紧密。现代社会，由于尖端武器的发展，更需要人们在短期内掌握复杂的军事技能，且能有效地加以应用，这就要求最大限度地动员人的精神和身体能力。为此不仅要进行全面的体力训练，还必须掌握军事需要的专门技巧，如游泳、爬山、攀登、滑雪、划船、跳伞、摔跤、格斗、擒拿、拳击及队列操练等。

5. 体育的经济功能

随着经济发展和社会进步，体育消费呈现出广阔的市场需求和良好的增长势头，需求引发市场，市场催生利益，利益带动投资，体育产业因此而成为国民经济新的消费增长点和投资热点，成为经济结构优化和经济全面、健康、可持续发展的重要因素。

6. 体育的政治功能

体育对政治的作用，从微观上说，人们追求增强体质、休闲娱乐、精神欢悦的同时，也实现着对身心发展的憧憬，对人生价值和理想的追求，对人生目标的奋斗，即谋求个体的社会化。从宏观方面来说，政治通过自身的作用，运用体育活动这一特殊手段，调节人们的社会道德和行为，改变人们的社会观念，改变人们的生活方式，使社会安定和谐地向前发展。通过体育促进个体社会化，实现政治社会化，灌输一定的政治价值观，培养与现存政治制度相一致的观念和规范；通过共同参加体育活动，增加不同阶层人群的交流和沟通，寻找塑造良好形象的机会，促进文明、和谐的社会关系。

第二节　国家学生体质健康标准

一、国家学生体质健康标准说明

（1）《国家学生体质健康标准》（以下简称《标准》）是国家学校教育工作的基础性指导文

件和教育质量基本标准，是评价学生综合素质、评估学校工作和衡量各地教育发展的重要依据，是《国家体育锻炼标准》在学校的具体实施，适用于全日制普通小学、初中、普通高中、中等职业学校、普通高等学校的学生。

(2) 本标准的修订坚持健康第一，落实《国家中长期教育改革和发展规划纲要(2010—2020年)》《国务院办公厅转发教育部等部门关于进一步加强学校体育工作若干意见的通知》(国办发〔2012〕53号)和《教育部关于印发〈学生体质健康监测评价办法〉等三个文件的通知》(教体艺〔2014〕3号)有关要求，着重提高《标准》应用的信度、效度和区分度，着重强化其教育激励、反馈调整和引导锻炼的功能，着重提高其教育监测和绩效评价的支撑能力。

(3) 本标准从身体形态、身体机能和身体素质等方面综合评定学生的体质健康水平，是促进学生体质健康发展、激励学生积极进行身体锻炼的教育手段，是国家学生发展核心素养体系和学业质量标准的重要组成部分，是学生体质健康的个体评价标准。

(4) 本标准将适用对象划分为以下组别：小学、初中、高中按每个年级为一组，其中小学为6组、初中为3组、高中为3组。大学一、二年级为一组，三、四年级为一组。

(5) 小学、初中、高中、大学各组别的测试指标均为必测指标。其中，身体形态类中的身高、体重，身体机能类中的肺活量，以及身体素质类中的50米跑、坐位体前屈为各年级学生共性指标。

(6) 本标准的学年总分由标准分与附加分之和构成，满分为120分。标准分由各单项指标得分与权重乘积之和组成，满分为100分。附加分根据实测成绩确定，即对成绩超过100分的加分指标进行加分，满分为20分；小学的加分指标为1分钟跳绳，加分幅度为20分；初中、高中和大学的加分指标为男生引体向上和1000米跑，女生1分钟仰卧起坐和800米跑，各指标加分幅度均为10分。

(7) 根据学生学年总分评定等级：90.0分及以上为优秀，80.0～89.9分为良好，60.0～79.9分为及格，59.9分及以下为不及格。

(8) 每个学生每学年评定一次，记入《〈国家学生体质健康标准〉登记卡》(附表1～6)。特殊学制的学校，在填写登记卡时可以按规定和需求相应地增减栏目。学生毕业时的成绩和等级，按毕业当年学年总分的50%与其他学年总分平均得分的50%之和进行评定。

(9) 学生测试成绩评定达到良好及以上者，方可参加评优与评奖；成绩达到优秀者，方可获体育奖学分。测试成绩评定不及格者，在本学年度准予补测一次，补测仍不及格，则学年成绩评定为不及格。普通高中、中等职业学校和普通高等学校学生毕业时，《标准》测试的成绩达不到50分者按结业或肄业处理。

(10) 学生因病或残疾可向学校提交暂缓或免予执行《标准》的申请，经医疗单位证明，体育教学部门核准，可暂缓或免予执行《标准》，并填写《免予执行〈国家学生体质健康标准〉申请表》，存入学生档案。确实丧失运动能力、被免予执行《标准》的残疾学生，仍可参加评优与评奖，毕业时《标准》成绩需注明免测。

(11) 各学校每学年开展覆盖本校各年级学生的《标准》测试工作，《标准》测试数据经当地教育行政部门按要求审核后，通过“中国学生体质健康网”上传至“国家学生体质健康标准数据管理系统”。测试和数据上传时间由教育行政部门确定。

(12) 本标准由教育部负责解释。

二、单项指标与权重

大学各年级的各单项指标所占总成绩的权重如表1-2-1所示。

表1-2-1　单项指标与权重

大学各年级	体重指数(BMI)	15%
	肺活量	15%
	50米跑	20%
	坐位体前屈	10%
	立定跳远	10%
	引体向上(男)/1分钟仰卧起坐(女)	10%
	1000米跑(男)/800米跑(女)	20%

注：体重指数(BMI)=体重(千克)/身高^2(平方米)。

三、评分表

男、女大学生的体重指数(BMI)单项评分标准如表1-2-2和表1-2-3所示。

表1-2-2　男生体重指数(BMI)单项评分表(单位：千克/平方米)

等级	单项得分	大学
正常	100	17.9～23.9
低体重	80	≤17.8
超重		24.0～27.9
肥胖	60	≥28.0

表1-2-3　女生体重指数(BMI)单项评分表(单位：千克/平方米)

等级	单项得分	大学
正常	100	17.2～23.9
低体重	80	≤17.1
超重		24.0～27.9
肥胖	60	≥28.0

大学生的肺活量、50 米、坐位体前屈的单项评分标准如表 1-2-4 所示。

表 1-2-4　大学生肺活量、50 米、坐位体前屈单项评分表

等级	单项得分	男生肺活量/毫升		女生肺活量/毫升		男生 50 米/秒		女生 50 米/秒		男生坐位体前屈/厘米		女生坐位体前屈/厘米	
		大一大二	大三大四	大一大二	大三大四	大一大二	大三大四	大一大二	大三大四	大一大二	大三大四	大一大二	大三大四
优秀	100	5040	5140	3400	3450	6.7	6.6	7.5	7.4	24.9	25.1	25.8	26.3
	95	4920	5020	3350	3400	6.8	6.7	7.6	7.5	23.1	23.3	24.0	24.4
	90	4800	4900	3300	3350	6.9	6.8	7.7	7.6	21.3	21.5	22.2	22.4
良好	85	4550	4650	3150	3200	7.0	6.9	8.0	7.9	19.5	19.9	20.6	21.0
	80	4300	4400	3000	3050	7.1	7.0	8.3	8.2	17.7	18.2	19.0	19.5
及格	78	4180	4280	2900	2950	7.3	7.2	8.5	8.4	16.3	16.8	17.7	18.2
	76	4060	4160	2800	2850	7.5	7.4	8.7	8.6	14.9	15.4	16.4	16.9
	74	3940	4040	2700	2750	7.7	7.6	8.9	8.8	13.5	14.0	15.1	15.6
	72	3820	3920	2600	2650	7.9	7.8	9.1	9.0	12.1	12.6	13.8	14.3
	70	3700	3800	2500	2550	8.1	8.0	9.3	9.2	10.7	11.2	12.5	13.0
	68	3580	3680	2400	2450	8.3	8.2	9.5	9.4	9.3	9.8	11.2	11.7
	66	3460	3560	2300	2350	8.5	8.4	9.7	9.6	7.9	8.4	9.9	10.4
	64	3340	3440	2200	2250	8.7	8.6	9.9	9.8	6.5	7.0	8.6	9.1
	62	3220	3320	2100	2150	8.9	8.8	10.1	10.0	5.1	5.6	7.3	7.8
	60	3100	3200	2000	2050	9.1	9.0	10.3	10.2	3.7	4.2	6.0	6.5
不及格	50	2940	3030	1960	2010	9.3	9.2	10.5	10.4	2.7	3.2	5.2	5.7
	40	2780	2860	1920	1970	9.5	9.4	10.7	10.6	1.7	2.2	4.4	4.9
	30	2620	2690	1880	1930	9.7	9.6	10.9	10.8	0.7	1.2	3.6	4.1
	20	2460	2520	1840	1890	9.9	9.8	11.1	11.0	−0.3	0.2	2.8	3.3
	10	2300	2350	1800	1850	10.1	10.0	11.3	11.2	−1.3	−0.8	2.0	2.5

大学生的立定跳远、引体向上、仰卧起坐、1000 米/800 米的单项评分标准如表 1-2-5所示。

表 1－2－5　大学生立定跳远、引体向上、仰卧起坐、1000 米/800 米单项评分表

等级	单项得分	男生立定跳远/厘米		女生立定跳远/厘米		引体向上/（个/分钟）		仰卧起坐/（个/分钟）		男子 1000 米		女子 800 米	
		大一大二	大三大四	大一大二	大三大四	大一大二	大三大四	大一大二	大三大四	大一大二	大三大四	大一大二	大三大四
优秀	100	273	275	207	208	19	20	56	57	3′17″	3′15″	3′18″	3′16″
	95	268	270	201	202	18	19	54	55	3′22″	3′20″	3′24″	3′22″
	90	263	265	195	196	17	18	52	53	3′27″	3′25″	3′30″	3′28″
良好	85	256	258	188	189	16	17	49	50	3′34″	3′32″	3′37″	3′35″
	80	248	250	181	182	15	16	46	47	3′42″	3′40″	3′44″	3′42″
及格	78	244	246	178	179			44	45	3′47″	3′45″	3′49″	3′47″
	76	240	242	175	176	14	15	42	43	3′52″	3′50″	3′54″	3′52″
	74	236	238	172	173			40	41	3′57″	3′55″	3′59″	3′57″
	72	232	234	169	170	13	14	38	39	4′02″	4′00″	4′04″	4′02″
	70	228	230	166	167			36	37	4′07″	4′05″	4′09″	4′07″
	68	224	226	163	164	12	13	34	35	4′12″	4′10″	4′14″	4′12″
	66	220	222	160	161			32	33	4′17″	4′15″	4′19″	4′17″
	64	216	218	157	158	11	12	30	31	4′22″	4′20″	4′24″	4′22″
	62	212	214	154	155			28	29	4′27″	4′25″	4′29″	4′27″
	60	208	210	151	152	10	11	26	27	4′32″	4′30″	4′34″	4′32″
不及格	50	203	205	146	147	9	10	24	25	4′52″	4′50″	4′44″	4′42″
	40	198	200	141	142	8	9	22	23	5′12″	5′10″	4′54″	4′52″
	30	193	195	136	137	7	8	20	21	5′32″	5′30″	5′04″	5′02″
	20	188	190	131	132	6	7	18	19	5′52″	5′50″	5′14″	5′12″
	10	183	185	126	127	5	6	16	17	6′12″	6′10″	5′24″	5′22″

第三节　体育运动与心理健康

近几十年的国内外研究显示，体育活动对于人的心理健康具有明显的积极影响，可提高生活满意度和生活质量，改善情绪状态，缓解焦虑、抑郁、紧张等不良情绪，完善个性特征。

一、体育运动促进心理健康

1. 体育运动有助于智力发展

体育锻炼能有效地促进血液循环，增强心肺功能，使大脑获取更多的氧气，提高脑力劳动的效率。另一方面，体育活动可以使紧张工作的大脑皮层得到休息，从而大大提高学

习效率。

2. 体育运动有助于获得良好的情绪

体育锻炼可以降低个体的应激水平，增强处理应激情境的能力，使情绪更加稳定。经常参加体育锻炼，感受运动的美感、力量感、韵律感，可以陶冶情操，开阔心胸，激发生活的进取心和自信心，使机体产生极大的舒适感。

3. 体育运动有助于培养优良的意志品质

锲而不舍、勇于拼搏、迎难而上、直面挫折是体育精神的充分体现。体育锻炼可以培养个体的勇敢精神、竞争意识、意志力、自制力和自我心理调节能力等，使个体自我概念更加清晰和积极，有利于高尚人格的形成。

4. 体育运动有助于形成和谐的人际关系

体育运动可以为个体提供更多的交往机会，可以帮助个体之间增进友谊和信任感，提高适应能力，促进心理相容，帮助形成和睦互助的人际交往氛围。

二、体育运动改善心理不适

1. 改善紧张情绪

可尝试参加激烈的体育竞赛，如篮球等。因为只有在紧张激烈的比赛中沉着冷静，才能正确应对场上形势，取得优势。如能经常在类似场合下锻炼，遇事就不会惊慌失措。

2. 改善急躁情绪

可参加下棋、慢跑、游泳等缓慢、持久的项目，有助于调节神经活动，增强自我控制能力，稳定情绪，改善急躁冲动的弱点。

3. 改善孤僻情绪

可参加篮球、接力跑、拔河等集体项目的锻炼，增加与同伴交往的机会，增进了解，逐步适应与同伴交往。

第二章　体育卫生与保健

第一节　体育与卫生

一、体育锻炼中存在的卫生问题

1. 饮食问题

一般来说，体育运动前至少1小时内不应进食，否则运动会引起交感神经高度兴奋，不仅妨碍消化、有害健康，而且会造成肠胃负担太重，不利于运动能力的发挥。如果运动前已感到十分饥饿、睡眠不足或情绪低落，最好暂停运动，或只做轻微的体育锻炼。同时，也应避免在剧烈运动后立即进食，最好在休息30～60分钟后再进食。食物应清淡，营养丰富，不要进食过凉、过硬或过于油腻的食品。

2. 饮水问题

运动前和运动中不宜一次性大量饮水。饮水过多会使胃膨胀，妨碍隔肌活动，影响呼吸，使血液浓度稀释，血流量增大，增加心脏负担，既有碍健康，又不利于运动。在进行锻炼时，由于出汗多，可以适当补充水分。但在剧烈运动时和剧烈运动后，不宜一次性大量饮水，否则会加重心脏负担，影响生理机能的恢复。

3. 锻炼环境

体育锻炼应在空气新鲜的环境中进行，室外锻炼优于室内。特别是田野、山林、公园、河边，空气中负离子含量较多，可使人精神振奋、精力旺盛、情绪良好。若在室内进行，体育馆内应有完善的通风、照明、卫生设备，经常保持清洁卫生。此外，进行体育锻炼前，应认真检查运动器材安装是否牢固、有无破损，以防发生意外伤害事故。

4. 根据个体的健康状况进行体育锻炼

在学校体育中，应根据学生身体的发育水平、功能状况、有无疾病及其程度进行分组。对于身体健康和基本健康的学生可以按照教学大纲的要求安排体育锻炼；对于在发育和健康上存在显著异常或患病初愈的学生，应暂免体育锻炼，随着体力的恢复再逐步参加适量的活动；对于临床检查存在轻微异常的学生，如心脏功能性杂音、风湿性关节炎、肺结核钙化期、慢性肝炎、青春期高血压等，可由校医提出名单，参加轻负荷的体育锻炼。

二、运动中常见的生理反应与处理方法

1. 运动中腹痛

运动中的腹痛现象。从腹痛的表现和原因分析，一般有下列几种情况。

(1) 腹痛是由于内脏器官一时不能适应剧烈运动的需要而引起的，疼痛部位多发生在右肋部(肝区)和左肋部(脾区)。一般是平时运动少、心肌力差、心肺功能相对较弱、运动前准备活动不充分的人容易出现这种腹痛。

(2) 腹痛是由于不良的运动习惯而产生的，主要由肠胃痉挛牵扯神经而引起，通常表现为钝痛、胀痛，重者则呈阵发性绞痛。大多数腹痛是由于饭后过早剧烈运动(不到 1 小时)，或吃得过饱、喝得过多(特别是冷饮)或饥饿运动(胃酸或冷空气对胃的刺激)引起胃痉挛，其发生部位多在上腹部。

2. 腹痛的处理方法

如遇腹痛，应及时休息，避免剧烈运动。

三、肌肉酸痛

1. 分类

运动医学上将运动引起的肌肉酸痛分为以下两种。

(1) 运动后疼痛立即出现，但其消失得也快，这种叫作急性肌肉酸痛。

(2) 在运动后几小时或一夜之后才出现，并伴有疲倦乏力，甚至会出现肌肉痉挛、僵硬等症状。这种肌肉疼痛消失得比较缓慢，常常 3～4 天甚至 6～7 天之后才能完全恢复，这种症状称为延迟性肌肉酸痛或运动后疲劳。

2. 缓解方法

缓解肌肉酸痛的方法很多，一般采用以下 4 种方法。

(1) 休息。休息能缓解肌肉酸痛的现象，并可慢慢促进血液循环，能加速代谢产物的排出，并能消除肌肉酸痛，使之恢复正常。

(2) 静态伸展。牵伸肌肉可加速肌肉的放松和缓解，有助于痉挛肌肉的恢复。对酸痛局部进行静态牵引练习，保持伸展状态 2 分钟，然后休息 1 分钟，重复进行，每天做几次这种伸展练习有助缓解痉挛。

(3) 拍打按摩。对酸痛局部进行按摩，使肌肉放松，促进肌肉血液循环，有助于损伤修复及痉挛缓解。

(4) 热敷。对酸痛的局部肌肉进行热敷是最有效的一种方式，可促进血液循环，提高新陈代谢，加速肌肉酸痛的缓解和恢复，尤其是配合轻微的伸展运动或按摩，将更能加速消除延迟性肌肉酸痛，促其恢复正常。

四、中暑

中暑是指由于高温或引起高热的疾病使人体体温调节功能紊乱而发生的综合症。

根据中暑症状的轻重，可分为先兆中暑、轻症中暑和重症中暑。先兆中暑指在高温环境中工作一段时间后，出现轻微的头晕、头痛、耳鸣、眼花、口渴、浑身无力及步态不稳。轻症中暑指除以上症状外，还出现体温升高、面色潮红、胸闷、皮肤干热，或有面色苍白、恶心、呕吐、大汗、血压下降、脉细等症状。重症中暑指除以上症状外，常突然昏倒或大汗后抽风、烦躁不安、口渴、尿水、肌肉疼痛及四肢无力。

1. 预防方法

（1）最好在通风良好的场所训练。要合理训练，在炎热季节时安排好训练时间，饭后延长午休时间，保证充足的睡眠，错开夏季最热的时段训练。

（2）合理饮食，注意蛋白质的补充，加强水、无机盐、维生素的补充，特别是维生素B1、B2和C的及时补充。

（3）加强个人防护，佩戴防护用品，如遮阳帽、浅色通气性好的衣着。切忌裸上身和头部参加体育运动训练，以免阳光直射。

（4）运动中最好少量多次饮水。运动场地可常备一些解暑药品和清凉饮料。

2. 处理方法

（1）立即停止训练，迅速转移到阴凉通风处，平卧休息，头部抬高，解开衣扣。

（2）轻者饮淡盐水、茶水，也可服用藿香正气水、十滴水、仁丹等。

（3）体温升高的，可用凉水擦洗全身（胸部除外），水的温度要逐步降低，在头部、腋窝、大腿根部用冰袋敷，以加快散热。每10～15分钟测量一次体温。

（4）严重中暑的，积极降温后，送医院急救。

五、运动性晕厥

运动性晕厥是指运动中由于脑部突然血液供给不足而发生的一时性知觉丧失的现象。运动性晕厥的症状开始时全身无力、头昏耳鸣、眼前发黑、面色苍白，随之可能出现失去知觉、突然晕倒、手足发凉、脉搏慢而弱、血压降低、呼吸缓慢等症状。

1. 处置方法

感到症状时，要立即平卧，保持头低脚高，并进行向心方向的重推或揉捏。

2. 预防方法

剧烈运动后，不要立即停下来，应继续做一些轻微活动。

第二节　预防运动损伤的办法

常见运动损伤的症状及处理方法如下所述。

（1）擦伤即皮肤的表皮擦伤。如果擦伤部位较浅，只需涂红药水即可；如果擦伤创面较脏或有渗血时，应用生理盐水清创后再涂上红药水或紫药水。

（2）肌肉拉伤是指肌纤维撕裂而致的损伤。主要是由于运动过度或热身不足造成的，可根据疼痛程度知道受伤的轻重，一旦出现疼痛感应立即停止运动，并在痛点敷上冰块或冷毛巾，保持30分钟，以使小血管收缩，减少局部充血、水肿。切忌搓揉及热敷。

（3）挫伤是由于身体局部受到钝器打击而引起的组织损伤。轻度损伤不需特殊处理，经冷敷处理24小时后可用活血化瘀、消肿止痛的中成药，并加以理疗。

（4）扭伤是由于关节部位突然过猛扭转，造成附在关节外面的韧带撕裂。

急性腰扭伤要让伤者仰卧在垫得较厚的木床上，腰下垫一个枕头，先冷敷后热敷。

踝关节、膝关节、腕关节扭伤时，将伤者的扭伤部位垫高，先冷敷2～3天后再热敷。如扭伤部位肿胀、皮肤青紫和疼痛，可参照“肌肉拉伤”处理。

(5) 脱臼即关节脱位。一旦发生脱臼，应嘱病人保持安静、不要活动，更不可揉搓脱臼部位，妥善固定后送医院治疗。

(6) 常见的骨折分为两种：一种是皮肤不破，没有伤口，断骨不与外界相通，称为闭合性骨折；另一种是骨头的尖端穿过皮肤，有伤口与外界相通，称为开放性骨折。对于开放性骨折，不可用手回纳，以免引起骨髓炎，应用消毒纱布对伤口做初步包扎、止血后，找木板、塑料板等将肢体骨折部位的上下两个关节固定起来。怀疑脊柱有骨折者，需卧在门板或担架上，躯干四周用衣服、被单等垫好，不致移动，不能抬伤者头部，否则会引起伤者脊髓损伤或发生截瘫。怀疑颈椎骨折时，需在头颈两侧置一枕头或扶持患者头颈部，不使其在运输途中发生晃动，再用平木板固定送医院处理。

第三章 体育文化与体质健康

从历史角度看，体育文化从古至今延绵不断。古代时期，欧洲只有希腊才有体育文化。古希腊一贯以体育竞赛来提高自己的竞争观念，实现强者的梦想，人们崇拜体育竞技场上获胜的英雄，把桂冠、荣誉、金钱等都奖励给体育竞技中的优胜者。公元前8世纪，古希腊出现了以雅典城邦和斯巴达城邦为代表的两种体育教育思想和训练制度。现代体育文化是社会发展的产物，它的形成经历了一个发展的历史阶段。有研究认为，现代体育的形成依赖于五个必要的前提：在哲学和思想观念上由以上帝（神）为中心转为以人为中心；近代实验科学体系的形成；由农业社会向工业社会的转变；现代国家与公民意识的出现；体育活动自身的组织化、规范化趋势。本章重点围绕中外体育文化及体育与体质健康的关系进行知识的展开，并就终身体育概念对人们的生活理念和价值取向产生的重要影响进行阐述。

第一节 古代中外体育文化

早在原始社会末期，由于生存环境、文化传统的不同，世界各地的民族都创造了内容不同、风格各异的体育活动形式。人类社会进入文明时代之后，体育形式进一步发展，并逐渐形成了独特的个性。按地域和其主要特点划分，可以归结为“东方”和“西方”两种主要形态。“东方”以东亚的中国和南亚的印度为代表，其特点是重视医疗保健体育；“西方”则以南欧的古希腊体育为代表，其特点是重视自我表现的竞技运动。封建时期，西方体育受到基督教禁欲主义的影响和阻碍，发展停滞不前，直到文艺复兴运动才恢复生机；而东方体育因受到固有观念的左右，其发展始终没有实质性的突破。

一、古希腊体育文化

1. 雅典体育

雅典的教育宗旨是使青少年在德、智、体、美几个方面和谐发展，不是只有健壮的身体，还要有文化教养，能经商和从事政治活动。所以说，雅典的教育是培养身体和智力都健全发展、身心同步成长的人。雅典的儿童7岁入学，除了学习文化以外，每天都要进行身体锻炼。体育教师要带着他们在运动场上或在树林间跑步、跳跃、投石、爬绳、做游戏等，并做一些对身体姿势有要求的体操练习。13岁时，家境富裕的学生便可以升入体操学校，接受专门的身体训练，包括体育竞技、表演性歌舞以及游戏。体操学校一般有树木、水浴、游泳设备，学生在校由教师指导进行跑步、跳跃、掷铁饼、投标枪、摔跤等“五项竞技”，此外还要学习游泳、打猎等。毕业后，贵族子弟还要进入古典学校接受体育竞技训练和文化学习。满18岁的青年人要到士官团接受两年的军事训练，并服从国家需要到军队中去服兵役。如果没有战争，两年之后可以退役回家干自己喜欢和适合的职业。

2. 斯巴达体育

斯巴达的教育目标是培养绝对服从命令，具有坚韧不拔的意志、刻苦耐劳的精神，勇于牺牲的职业军人。斯巴达教育要求所培养的人智力发展可以一般，身体要无比健康。斯巴达的儿童7岁前由家庭抚养，7岁以后统一进入由国家举办的少年团接受严格的军事训练。男孩子由经过挑选的教师负责训练，女孩子则由聪明正直的妇女管理。教师很少教他们读书识字，大多数时间是对他们进行身体训练，如进行长途行军、游泳、投掷重物、骑马、摔跤、拳击、赛跑以及做各种球类游戏等。教师平时只给男孩子很少很坏的食物，男孩子们终年光头赤足，穿着极薄的粗布单衣，在寒冷的河里洗澡，晚上睡在芦苇席上。斯巴达教育就是以这样艰苦的条件来培养儿童从小具备坚韧不拔、勇敢顽强的意志品质。斯巴达青年18岁时被编入军事训练团，接受武装训练。白天大多数时间在练习场上进行五项竞技和拳击训练，晚上参与国境线的巡逻。20岁时正式宣誓成为军人，直到60岁才可以退役回家。

二、中国古代体育文化

中国古代的教育思想是德、智、体全面发展，且更加注重道德品质的培养。早在公元前1000多年的西周时期，学校教育的内容就是礼、乐、射、御、书、数“六艺”。其中，御、射即是军队作战技能等方面的身体训练。到了春秋战国时代，这种全面发展的教育思想在社会上成为主流，作为士阶层的广大人民，把“六艺”作为修身、入仕的必修课程。春秋战国是一个战争频发的时代，大多数国家崇尚武力，提倡习武，重用军事人才。以孔子为代表的儒家学派的教育标准便是智、仁、勇、艺，是德、智、体的另一种表述。孔子教育学生在课余时间进行多种形式的体育活动，比如，常会带着他的学生去钓鱼、弋射、登山、演习射礼、郊游等。此外，孔子还带着他的学生周游列国，边讲课边实践，长时间的旅行锻炼了学生徒步行军和驾驭车的技能。

春秋战国时代的各诸侯国为了扩军备战，通过各种激励和强制措施让人们积极参加体育训练，促进武艺技能的提高。管仲在齐国当宰相时，下令全国推荐“有拳勇股肱之力秀出于众者”出任军队中的下级官吏。吴起为魏国大将时，以长跑来选拔常备军，参选者要携带三天干粮，“日中而趋百里”，达到标准的可以“复其户，利其田宅”。秦国则以能举重物的大力士为奖励标准，“力士任鄙、乌获、孟说皆至大官”。吴国的军师孙武训练军队，要求士兵穿着全身甲胄，拿着作战兵器，跑完300里路才能休息。魏国上地太守李悝曾颁布“习射令”，规定凡来官府打官司的人，原被告双方先比试射箭，射箭不能中靶的人就是有理也判输，以此来强迫人民都必须学会射箭。

中国古代有一些体育活动是以游戏娱乐的方式开展的。如帝尧时代就有“击壤”的游戏，还有模仿“百兽率舞”的乐舞。晋国的人民喜爱角力，后来这种两人角力的形式演化为表演的相扑。齐国临淄的人民大多喜欢斗鸡、走犬、蹴鞠，至汉代，蹴鞠发展成为有军事教育对抗性的体育竞技项目，还把蹴鞠作为“军中伎巧”的军事训练内容。赵国的人民喜欢击剑，汉代以后，发展成为武术。秦国各地盛行举重，到了汉代，有了扛鼎、举石、抛接大车轮的力士表演。中国古代的这些体育竞赛都是在礼仪的节制下进行的，不仅进出赛场的行为要受礼仪制约，培养按礼仪行事的习惯，还要以礼仪来制约心理，抑制其争强好胜的天性。儒家在个人修养中，特别告诫正值壮年血气方刚的人，要注意控制好斗心理。《论语·

季氏》中就指出："及其壮也，血气方刚，戒之在斗。"中国古代人认为身体运动可以调和血脉，病不得生，只有清心寡欲、品德高尚才能健康长寿，所以提倡以体育运动来达到修身养性的功效。

鸦片战争以后，中国逐渐由封建社会沦为半殖民地半封建社会，政治、经济、思想等方面都发生了深刻的变化，传统的教育观念和教育体系也相应地发生了一系列演变。具有近代民主思想的进步的思想家主张变法革新，改革政治，提出了以"师夷之长技以制夷"为中心的向西方学习的口号，提出了创办新式学校、学习西方科学知识的思想。清朝政府中一批拥有实权的官员也提出并支持学习西方的洋务运动。中国开办了西方式的新式学堂，冲击了两千多年的封建教育制度。西式学堂开办后，也引进了西方作为军事训练和军事教育的近代体育的某些内容，并把体操规定为学堂的必修课程。

第二节　体育运动与体质健康

一、现代体育

体育运动因其对下一代的体质培养价值而被广泛认识，并被各国引入学校，体育运动领域的理论性探索也由于体育地位的确立而开展起来。这个时代的欧美体育，就其本身发展而言，既是近代西方体育200多年发展的结果，又是世界现代体育的起点。19世纪50年代，英国流行的竞技运动已经远播美国和加拿大，竞技体育对满足现代社会的新需要具有独特的功效。它具有资本主义所需要的竞争、平等、拼搏、追求成功、冒险、挑战、依靠努力和奋斗赢得胜利、超越现状等特点，具有追求形体美、追求快速，强调直观性、强调竞争的文化取向。20世纪70年代德、法等国体育界关于体操与经济孰优孰劣问题的辩论，为英国的竞技运动进入欧洲大陆，并最终在现代体育中取得独立地位扫清了道路。当然，竞技运动在整个体育中地位的确立并不完全归功于英国人的贡献，英国人只是把一种以争胜负为特点的体育手段的雏形引入近代体育之中，而这一雏形的日臻完善是世界各国人民共同推动的结果。印度、中国、埃及、日本的舞蹈曾为美国舞蹈家路易斯的现代舞提供养料，印度的"普那"游戏在英国被改造为羽毛球后风靡全球，其他如马球、冰球、曲棍球等也都能在非西方的民族中找到其原始发展的影子。

二、竞技体育

竞技体育的传播主要通过两个渠道：一是由随着殖民扩张浪潮涌向世界各地的西方人（移民、商人、教会人员、军人等）向世界各国传播；二是在改革旧制度过程中世界各国自行主动引进。由于各地区的历史条件、社会状况不同，西方竞技体育的传播也呈现出地区性特点。以在亚洲的传播为例，19世纪前期，部分西方项目，如划船、赛马、田径等已经在东方出现，到19世纪后期，特别是在19世纪末20世纪初，西方运动项目开始了大规模的东进历程。从19世纪后期起，几乎所有重要的西方运动项目都由旅居亚洲的欧洲人传到了亚洲。法国人、英国人以及美国人先后将划船、田径、足球、篮球、排球、乒乓球、高尔夫球、橄榄球传入日本。从19世纪最后10年到20世纪最初10年的20年间，通过日本人和西方人的介绍，朝鲜人已经开始从事足球、田径、游泳、自行车、篮球、滑冰、网球等项目。

另外这些西方体育运动项目也在同一时间传入菲律宾和印度。西方各宗教教派在亚洲国家开办的教会学校、基督教青年会，都曾以竞技体育为其体育活动的主要内容，因而对竞技体育的传播起到了突出的作用。曾任国际体育社会学会主席的 Maguire 在 1999 年提出了全球体育运动化的 5 个阶段：第一阶段，即现代体育的萌芽阶段，大体是在 18 世纪，这一时期英国的消遣运动逐渐转化为现代体育。第二阶段，主要是在 19 世纪，这一时期依据竞赛规则而形成的现代体育进一步定型，体育的参与者主要是贵族和中产阶级，运动理念强调业余性和理性。第三阶段，大体是 19 世纪 70 年代至 20 世纪 20 年代，这一时期多种形式的英国体育运动随着英国殖民运动传播到海外殖民地。在英国殖民扩张的过程中，现代体育对其殖民地的建立与形成发挥了重要的政治理念和社会文化作用。第四阶段，大体是 20 世纪 20—60 年代，这一时期美国的现代体育兴起，并以美国的海外军事基地为载体在当地传播发展。第五阶段，大体是 20 世纪 60 年代，这一时期是现代体育发展充满不确定性的时期，其间由于西方体育在世界各地的强势普及并发生变异，其竞赛规则、办赛理念和营销比赛等因素明显地影响了世界体育文化的发展。到了 21 世纪，Robertson 在 2007 年提出了“千禧年”阶段，这也意味着现代体育的发展进入了第六个阶段。在这个阶段，罗伯逊对现代体育在全球的发展持更为悲观的态度，认为受政治、经济、社会和文化等因素的影响，现代体育在全球的发展更加充满不确定性。

三、现代竞技体育

竞技体育注重人的全面发展，注重人体本身的价值，更讲究从人的培养上来考虑体育的价值，通过让人在肌肉的运动中、在各种力的交会中去实现完美人体的塑造，进而实现理想的人生。仇军认为，现代体育的明显表征是，完成了以西方体育为母体的蜕变，建立了世界性体育组织，举办世界性比赛，并强势主导着体育的发展；各运动项目规则的制定完善，形成了全球范围内的体育文化认同，即对比赛规则、规范、形式和风格的认同。现代体育从早期以业余化、淡化严肃性、娱乐性、公平竞赛等为内涵的体育文化，发展为以成绩为导向，以专业化、标准化、科学化、视觉化等为内涵的体育文化。阿伦·古特曼指出现代体育与之前的体育相比，具有世俗化、平等化、专业化、合理化、科层化、量化及纪录化七个特点。

四、体质健康

体质和健康是两个不同的概念，它们之间既有联系，又有区别。人们可以通过改善物质生活条件、养成健康的生活方式和有目的、有计划、科学的身体锻炼等手段，来保持良好的体质状况，不断增强体质。两者的不同点是：体质是人体的质量，是一切生命活动的物质基础，而健康则是体质状况的反映和表现。评价一个人的体质时，首先要考虑其健康状况，然后再从形态、功能等方面进行评价。身体健康是体质良好最起码的条件，但同样是健康的人，体质状况却千差万别。

古往今来，不知有多少人梦寐以求地追求健康，但却忘记了运动可促进健康这一最朴素的真理。适量运动可使你的血液变得“富有”，血管富有弹性，肺活量增加，心肌更加强壮，心率降低，骨密度增加，血压降低；可以控制体重、预防肥胖，使形体更趋健美；还可提高机体工作能力，增强机体免疫力，改善不良情绪等。另外，积极运动的人，外表和身体机能都处于良好状态，性格开朗，对生活充满信心。适量运动应该掌握“三五七”原则：“三”是指每次运动30分钟以上；“五”是指每周运动5次左右，有规律的运动可使健身达到更好的效果；“七”是指运动要适量，强度以“运动后心率＋年龄＝170左右”为宜。

第三节　终身体育

一、终身体育的概念

终身体育是指一个人终身进行身体锻炼、接受体育教育。终身体育的含义包括两个方面：一是指人从生命开始至生命结束过程中，学习与参加身体锻炼，使体育成为人一生中不可缺少的重要内容；二是在终身体育思想的指导下，以体育的体系化、整体化为目标，为人在不同时期、不同生活领域中提供参加体育活动机会的实践过程。终身体育作为一种新思想，是随着当代终身教育思想的产生而出现的。第二次世界大战后，为了提高劳动生产率，发达国家对在职人员的教育比战前更为重视。由于知识不断更新，对生产者进行再教育的问题显得越来越重要；加之近二十年来人类平均寿命延长，老年人教育更势在必行等情况的出现，过去那种把人的生活分为前期学习知识、后期从事生产实践的两个部分的观点已不再符合时代的需要。20世纪60年代，法国著名成人教育家保罗·朗格朗提出了终身教育思想，于是，一种代表当代世界教育发展新趋势的“终身教育”思潮在一些发达国家逐渐形成，而终身体育便是终身教育伸延到体育领域内的必然产物。

二、终身体育的意义

1. 终身体育是人体自身发展的需要

人体自身的发展可分为三个时期，即生长发育期、成熟期和衰退期。生长发育期的要求是促进身体的正常生长发育，成熟期的要求是缓衰退、延年益寿。体育锻炼能促进人的智力发展，提高大脑的供氧能力，使人保持旺盛的精力，促进生长发育，增强体能，延缓衰老。

2. 终身体育是现代社会发展的需要

社会的进步和科学技术的发展大大改变了社会的生产方式和人们的生活方式。一方面，现代社会对体质提出了更高要求，人们对休闲生活的要求越来越高；另一方面，现代文明也给人的健康带来了一些不良影响。为了适应高强度、快节奏的工作和现代文明对人体的挑战，人们必须进行终身体育。

3. 终身体育是全民健身的需要

为了全面提高国民体质和健康水平，更好更广泛地开展群众性体育活动，我国于1995年颁布了首部《体育法》，同年颁布了《全民健身计划纲要》。《全民健身计划纲要》的顺利实施离不开终身体育。终身体育注重人的个体性，并且根据人的一生中的不同年龄阶段、不同的生活环境、不同的职业特点来选择不同的内容与方法，采用不同的形式进行身体锻炼，以使人终身受益。全民健身和终身体育是踏踏实实地普及发展我国群众体育的有效途径，终身体育是“纵”，全民健身是“横”，终身体育和全民健身形成了纵横交叉的立体健身体系。

三、终身体育的培养

终身体育是依据人发展变化的规律、身体锻炼的作用以及现代社会的发展需求对人提出的要求，它是伴随着终身教育的发展而发展起来的。终身体育强调体育在人一生中的重要性和必要性，要求人们在人生的各个时期都应将体育作为生活内容来对待和安排，充分享受体育的乐趣。要达到这个目的，就必须转变传统的体育观，把作为生长发育期促进生长发育的体育变成促进人的生理、心理、社会性全面发展的体育，树立终身体育观。只有要求人们培养终身体育的动机、兴趣、习惯和能力，才能使其积极投入到终身体育实践中，坚持终身进行体育锻炼。常言道“每天锻炼一小时，健康工作 50 年，幸福生活一辈子！”“每天锻炼一小时”是应该养成终身的良好运动习惯。每天锻炼一小时，说起来并不难，难就难在持之以恒，要真正做到每天不间断，这是对一个人意志和毅力的考验。“健康工作 50 年”是人生中最重要的历程，也是人生价值的重要体现。健康的体魄是为祖国、为人民服务的基本前提，是健康工作、实现人生价值的物质保障。只有健康工作，才会有热情的投入、融洽的合作和满意的效率，才会有充沛的精力、创造的激情和奉献的愉快。

第四节　影响职业健康的因素

每一种职业都有一定的工作环境和工作方式，这种特定的工作环境和工作方式，长期作用于职业个体，必然影响着个人的职业健康。如果不注重职业防护，极有可能产生职业性损伤、职业性多发病或职业病。为了维护职业健康，同学们应充分认知职业特点，了解影响职业健康的因素，加强有针对性的体育锻炼，远离职业性伤病。影响职业健康的因素主要有个人因素、工作设备因素、环境因素和工作方式因素。个人因素包括：个人体质与健康状况、专业知识、工作经验、职业习惯、心理因素、防护意识等。工作设备因素包括：工作设备本身具有的危险性，工作设备质量有缺陷或维护不善，防护设施缺乏或不全，机器设备设计未遵循人机工效学原则，使用不合理的工具或不合理地使用工具，设备管理检查维修制度不健全等。环境因素包括：工作场所存在的有害物质，如铅、汞、氯、一氧化碳、有机磷农药、生产性粉尘等；异常环境条件，如高温、高湿、高气压、低气压、噪声、振动、射频、微波、红外线、紫外线、X 射线等；无通气换风、照明、防尘、防毒、防噪声、防振动设备或效果不好；自然环境因素，如炎热季节的太阳辐射等。工作方式因素包括：工作的组织和实施不合理，如工作负荷大、劳动时间过长、休息制度不合理、不健全等；长期保持同一种工作姿势，如久坐、久站、久蹲、弯腰等，长时间处于某种不良体位；因工作需要长时间保持精神高度集中或紧张等。在实际工作中，影响职业健康的因素往往不是单一存在的，而是多种因素同时对职业健康产生作用，导致职业性损伤、职业性疾病或职业病。

第五节　科学锻炼维护职业健康的方法

职业劳动者工作时身体姿势的主要状态有站立型、伏案型和综合型三种。它们对于身体素质的要求、对人体健康的影响是不一样的，对应的实用性体育锻炼方式也不同。

1. 站立型

站立型职业如车工、铣工、餐厅服务员、厨师、挡车工、售货员、建筑工人、警察等。这些职业的工作特征是以站立或行走为主。由于长时间站立，重力作用阻碍下肢血液回流，容易产生下肢血液循环不通畅，引起下肢酸疼、肿胀及下肢静脉曲张。长时间站立对膝关节和腰部的力量要求很高，容易引起髌骨和腰肌劳损，以及腰椎间盘突出等，甚至会出现驼背、塌腰等不良体型。站立型职业体育锻炼方式应该选择以下几种：

（1）通过下肢为主的活动，提高下肢力量、耐力，改善下肢血液循环，消除下肢肌肉紧张健康危害，如下蹲起立、踢腿、压腿、健步走、左脚和右脚交换跳跃、有氧健身跑、广播操、健美操、太极拳、按摩等。

（2）通过球类、有氧健身跑、游泳、跳绳等运动，增强心肺功能，提高耐力素质及身体各部位的协调性。

（3）通过引体向上、俯卧撑、哑铃、臂屈伸、投掷等上肢力量练习，增强上肢力量，促进上下肢协调发展。

2. 久坐型

久坐型职业如文秘、绘图员、财务、计算机操作员、家电维修员等。他们的工作特征是长时间坐在室内，低头、含胸、颈前屈，眼睛高度紧张。长时间用眼容易出现眼酸、眼痛、流泪、视力下降等疲劳现象，易患近视、神经衰弱。长时间低头、含胸、颈前屈易患颈部、肩部和背部疾病。久坐会导致全身血液循环不良，易患便秘和痔疮等疾病。由于缺乏体力活动，代谢水平降低，易导致肠胃功能紊乱和肥胖。另外，由于室内空气流通不畅，接触外界新鲜空气少，易患感冒等疾病。久坐型体育锻炼方式应选择以下几种：

（1）通过眼保健操、远眺、主动眨眼等放松眼部肌肉，消除视觉疲劳。

（2）通过工间操、下蹲起立、上肢运动、颈肩部运动、转腰扭髋、伸展脊柱、按摩等活动放松肌肉，消除局部疲劳。

（3）通过哑铃、手指操、沿梯攀爬、引体向上、俯卧撑、臂屈伸、投掷等练习，增强指、腕、肩的力量以及灵活性和准确性。

（4）通过全身活动项目，如球类、游泳、有氧健身跑、健美操等，提高心肺功能和身体协调能力。

（5）多到室外进行体育锻炼，以改善机体对外界环境变化的适应能力。

第二篇　运动技术

第四章　田 径 运 动

田径运动是在人类社会的发展中形成的。古时候，人们为了生存而逐步形成了走、跑、跳、投掷等各种劳动技能，并自发地组织了相关项目比赛，这就是田径运动的雏形。现在，人类将其定义为："由田赛和径赛、公路赛、竞走和越野赛组成的运动。"

经常从事田径运动，既能较全面影响大学生身体各器官的机能，促进生长发育，又可以提高人体对外界环境的适应能力，增强肌体的抗疾病能力，同时，还可以愉悦身心，培养健康向上的心理素质。

本章重点围绕跑、跳跃、投掷运动进行知识的展开。

（1）跑是周期性运动。跑包括快速跑、耐久跑、马拉松、障碍跑、接力跑等项目。

（2）跳跃是以一定方式越过一定高度和距离的体育行为。跳跃项目包括跳高、跳远、撑竿跳和三级跳。

（3）投掷是人类生产和生活活动中常用动作。投掷还可以发展人的爆发力和准确性等。田径运动中的投掷项目包括推铅球、投标枪、掷铁饼、掷链球等。

第一节　了解田径运动

一、田径运动的定义

国际业余田径联合会章程第一条将田径运动定义为："田径运动是由田赛和径赛、公路赛、竞走和越野赛组成的运动项目。"

二、田径运动的起源与发展

田径运动是在人类社会发展中逐步产生和发展的。远在上古时代，人们为了生存和获得生活资料，逐步形成了走、跑、跳跃、投掷等各种生活劳动技能，并自发地组织跑、跳跃、投掷等项目的比赛，逐步产生田径运动的雏形。

当前重大田径比赛有奥运会田径比赛、世界杯田径比赛和世界田径锦标赛。

田径运动在一个多世纪的发展过程中，大体可分为以下五个阶段。

（1）第一阶段:19 世纪末至 20 世纪初。该时期是现代田径运动开始形成、发展，处在较低水平上逐步提高的阶段。

（2）第二阶段:1913 年—1920 年。该时期受第一次世界大战影响，是世界田径运动成绩的下降阶段。

（3）第三阶段:1921 年—1936 年。该时期是世界田径运动恢复、发展与提高阶段。

（4）第四阶段:1937 年—1948 年。该时期受第二次世界大战的影响，是第二次下降阶段。

（5）第五阶段:1952 年至今。该时期是世界田径运动成绩持续不断提高并达到很高水平的阶段。在这个阶段里，从运动员的选材，到科学训练、技术更新、场地器材不断改进，裁判工作自动化及电子化，都直接或间接地应用了多学科的研究成果，保证了田径运动的健康、迅速发展和运动成绩的提高。

三、田径运动对健康的促进作用

1. 提高人体对外界环境的适应能力

田径运动大多在户外进行，使人体更多地受到日光、空气、环境等自然条件的锻炼。经常从事田径运动，能提高人体对外界环境的适应能力，增强机体对疾病的抵抗能力。

2. 促进人体的全面发展

参加田径运动，能够促进人体的新陈代谢，提高心血管系统、呼吸系统、神经系统及其他内脏器官的功能；能最有效地激励人发展力量、耐力、速度、灵敏性、柔韧性等身体素质和基本活动能力，促进人体的全面发展。

3. 培养健全的心理

田径运动最显著的一个特点，是用时间、距离、高度和远度等定量说明成绩。参加运动时，可以激励参加者的竞争意识，不断迎接新的挑战。经常从事田径运动锻炼，对培养积极向上、奋勇拼搏、竞争与合作的精神以及克服各种生理和心理障碍，都有积极影响。

第二节　跑

一、快速跑

1. 起跑

1）站立式起跑

听到“各就位”口令后，站在起跑线后，两脚自然前后开立，前脚紧靠起跑线，全脚掌着地，后脚以前脚掌着地，身体稍前倾，两臂自然下垂，身体重心落在前脚上。

听到“预备”口令后，身体重心下降稍前移，前腿的异侧臂自然弯曲于体前，同侧臂稍屈在后，双脚都前脚掌着地，如图 4－2－1 所示。

图 4－2－1

听到“跑”的口令后，两脚用力后蹬，后腿迅速前提，积极摆动双臂，保持身体的适当前倾，使身体迅速向前冲出。

2）蹲踞式起跑

蹲踞式起跑的优点是能够充分发挥两脚后蹬的力量，获得最快的初速度。起跑器的安装方法有几种，最常用的是普通式：前脚距起跑线一脚至一脚半，后脚挡距前脚挡约一小腿长。前脚挡的角度小于后脚挡的角度。

听到“各就位”口令后，走到起跑器前，两手撑地，两脚依次蹬在抵足板上，后腿跪在地面，两手约与肩同宽或稍宽于肩，两臂伸直，两手拇指相对，其余四指并拢，虎口向前成“八”字形，撑于起跑线后。两臂和起跑线垂直或稍前移，颈部放松，如图 4－2－2 所示。

图 4－2－2

“预备”口令发出后，臀部慢慢抬起，稍高于肩；肩部引领重心前移，两脚踩实起跑器，集中注意力听“跑”的信号，如图 4－2－3 所示。

听到枪声或“跑”的口令后，两手迅速离地，两脚用力蹬离起跑器，前腿用力蹬伸，后腿积极前提，两臂积极有力地做大幅度的前后摆动，身体保持较大的前倾角度向前跑出，如图 4－2－4 所示。

图 4－2－3

图 4－2－4

2. 起跑后的加速跑

起跑后的加速跑的目的是在最短的距离内达到最快的速度。一般来说是指从脚蹬离起跑器至进入途中跑一段约 30 米的距离。起跑后，后蹬快速、充分、有力，摆动腿积极前摆下压，身体前倾，两臂快速地前后摆动。开始时上体前倾角度很大，随着步幅和速度不断加大，上体逐渐抬起进入途中跑。

3. 途中跑

途中跑是全程跑的主要部分，目的是在放松状态下尽可能保持已经获得的最快速度。途中跑时，大腿积极向前摆动，小腿随惯性迅速折叠，并把同侧髋带出。大腿积极下压，小腿随惯性向前摆动，落地时脚尖正直，用脚前掌做"趴地"动作。脚着地后，膝关节微屈缓冲，使身体重心迅速移过支撑点而转入后蹬。

4. 终点冲刺跑和撞线

终点冲刺跑是全程跑的最后一段距离，要全力保持最快的速度冲向终点。离终点两米处，躯干前倾以便使有效部位抵达终点线的垂直面。

5. 弯道跑

1）弯道起跑和起跑后的疾跑

弯道的起跑技术和直道跑基本相同，但是在起跑器的安放上有所区别。弯道的起跑器要靠近跑道的外侧分道线，正对内侧分道线的切线方向。在起跑后的加速阶段，上体要尽早抬起，以利于进入弯道时保持身体的平衡。

2）弯道跑的技术

弯道跑时，人体要克服离心力，所以在跑时身体要内倾，外侧臂的摆动幅度要稍大且稍向左前方，左脚以脚掌的外侧着地，右脚以脚掌的内侧着地，动作放松幅度大。

二、耐久跑

耐久跑是指以有氧代谢为主的耐力性和周期性运动项目。正式比赛把 800 米、1500 米、3000 米的比赛项目定为中距离跑，5000 米和 10 000 米的比赛项目定为长距离跑。国家《学生体质健康标准》中规定：男生跑 1000 米，女生跑 800 米，用于测试学生耐力素质的发展水平，特别是心血管呼吸系统的机能和肌肉耐力。

耐久跑中需克服"极点"节省体力及合理地分配体力。运动所需氧气和肌体提供的氧气产生最大差异时，身体产生的胸部发闷、呼吸困难、无力、呼吸节奏被破坏的一系列现象就是极点，它是中长跑过程中一种正常的生理现象。"极点"出现的早晚与个人身体素质水平、运动强度大小、准备活动是否充分等有密切关系。当"极点"出现时，要稍微减缓跑速，注意加深呼吸，调整呼吸节奏。当身体的供氧系统逐渐适应高耗氧状态后，极点状况就会逐渐缓解，这种现象在生理学上称为"第二次呼吸"。战胜极点要有顽强的意志和不怕苦、敢于克服困难的精神。

中长跑的体力分配非常重要，以 1000 米来说，第一个 400 米要在放松大步的前提下保持较快的速度，跑步时要尽早调整呼吸节奏（两步或三步一呼吸），动作轻松自然，身体重心移动平稳。第二个 400 米则要克服极点带来的困难，动作放松，调整呼吸，尽可能延迟极点到来的时间。最后 200 米要加大摆臂，逐渐加快速度完成最后冲刺。

三、接力跑

1. 交接棒方法

1）下压式

接棒人将接棒手臂向后伸直，四指并拢，虎口向后张开，掌心向上。传棒人将棒的前端由上而下地压入接棒人的手中，接棒后不需要换手，如图 4-2-5 所示。

2）上挑式

接棒人手臂自然向后伸出，虎口向下，传棒人将棒由下向上挑送到接棒人手中，如图 4-2-6 所示。

图 4-2-5

图 4-2-6

2. 各棒队员的配合

接棒人站在接力区后端或站在接力区后沿外 10 米内的助跑区，看到传棒人跑到自己起动的标志(一般来说 5 米～6 米)时即迅速跑出。当双方距离约 1.5 米～2 米时，传棒人可发出简短信号，接棒人立即伸手接棒(不回头)，交接棒必须在接力区内完成。

四、跨栏跑

1. 起跑至第一栏的加速跑

跨栏跑的起跑技术和快速跑的蹲踞式起跑基本相同，只是“预备”时臀部稍高些。起跑后步幅逐渐增大，蹬摆有力，富有弹性。

2. 起跨攻栏

起跨腿用前脚掌着地，后蹬时，髋、膝、踝三关节充分伸直，与上体几乎成一直线，同时摆动腿，大腿高抬，屈膝，上体随之前倾。

3. 过栏

当起跨腿蹬离地面后，摆动腿的小腿快速前伸，以帮助身体重心很快地越过栏架，摆动腿异侧手臂积极前伸以维持身体平衡，同侧臂屈肘后摆。起跨腿蹬离地面后脚尖外展，小腿折叠积极向前上方提拉过栏。摆动腿过栏后，大腿积极下压，起跨腿同侧臂由前经体侧向后下方摆动，摆动腿以脚前掌落地，同时起跨腿从体侧提拉到身体正前方，上体稍前倾，准备跑第一步。

4. 栏间跑

摆动腿积极下压，当脚前掌着地后马上过渡到栏间跑。栏间跑节奏要稳定，步长合理无跳步，要快节奏高重心跑。

5. 终点冲刺

离终点两米左右，在保证速度的前提下，身体适当前倾，收下颌，使身体的躯干部分尽早冲过终点线。

第三节 跳

一、跳高

1. 跨越式跳高

1）助跑

助跑的距离一般为6步～8步或7步～9步，直线助跑，助跑的方向与横杆大约成45°角。助跑开始三四步要轻松自然有弹性，身体不要前倾太大，跑的速度和步长逐渐增加，上体也逐渐转直，助跑的最后几步，身体重心要平稳，两腿积极后蹬，节奏加快，为起跳做好准备。

2）起跳

助跑的最后一步用摆动腿支撑时，要积极做跪膝送髋动作，起跳腿以大腿带动小腿沿地面迈伸，当起跳腿膝、髋关节伸直以脚跟先着地时，摆动腿以髋带动大腿向前上方摆出，起跳腿迅速屈膝缓冲，脚也迅速滚动至前脚掌着地。摆动腿继续上摆，起跳腿迅速蹬伸，当摆动腿摆到最高点，起跳腿也充分蹬直，使肩、膝、踝成一直线，以脚尖最后离地腾起，完成起跳动作。两臂的摆动要配合两腿动作由体侧后方向前上方用力上摆，两肘向前，提肩，把大臂摆到与肩平部位。起跳点距横杆垂直面距离约一脚半到两脚半。

3）过杆和落地

起跳腾起后，当摆动腿摆过横杆时，稍向内转，身体稍前倾。摆动腿过杆后，向下转压，起跳腿积极上抬，上体略转向起跳腿一侧，使骨盆越过横杆。同时起跳腿屈膝高抬，小腿上摆，越过横杆，用摆动腿先着地，着地后屈膝缓冲。

2. 背越式跳高

1）助跑

背越式跳高的助跑前段是跑直线，技术要求和跨越式跳高的助跑基本相同。最后三四步跑弧线，跑弧线时身体内倾，技术与弯道跑相似，动作自然、快速而有力，如图4-3-1所示。

2）起跳

起跳的目的是获得最大的垂直速度，使身体向上腾起。背越式跳高起跳时，起跳脚向前迈出，用脚跟外侧先接触地面并滚动至全脚着地，身体由内倾转为垂直，摆动腿屈膝以髋带动大腿向异侧肩前上方摆动并内扣。在起跳腾空过程中，身体逐步转为背对横杆姿势，摆动腿的膝关节放松并自然下放，提腰摆臂，及时做引肩动作，如图4-3-2所示。

3）过杆和落地

过杆阶段的目的是充分利用身体已取得的腾空高度，采用合理的过杆姿势，使身体越过横杆。当肩和背高于横杆时，两肩在内侧臂的引领下积极后引，抬臀挺髋，小腿放松自然弯曲，身体成反弓形，背部与横杆成交叉状态仰卧在横杆上。挺髋动作一直延续到臀部移过横杆，然后及时低头、屈髋，小腿积极向上甩起，两腿伸直，整个身体呈"L"状下落。

落地时，肩、背、臀依次着海绵包，如图 4－3－3 和图 4－3－4 所示。

图 4－3－1

图 4－3－2

图 4－3－3

图 4－3－4

二、跳远

跳远的技术是由助跑、起跳、腾空和落地四个部分组成的。

1. 助跑

助跑是为了获得最大的水平速度，使身体姿势和跑的动作有利于进行强有力的起跳。初学者一般来说用站立式起跑的方法。助跑开始，后蹬要充分有力，并逐渐加速。跑的动作要轻松自然，基本与快速跑的途中跑相同，跑的频率相对较快，有弹性，身体重心稍高，跑动时起伏不大，要有很强的跑的节奏。跑到最后几步，要发挥可控的最快速度，最后一步应比倒数第二步小些，以利于快速有力的起跳，如图 4－3－5 所示。

为了使助跑准确，提高踏跳效果，应确定助跑的距离和步数，并在跑道上设置标记。

图 4－3－5

2. 起跳

起跳是在最大限度地保持助跑水平速度的同时，获得最大限度的垂直速度，是跳远的关键技术。

助跑最后一步用摆动腿支撑时，上体保持正直，起跳腿屈膝并以大腿带动向前摆。在摆动腿刚蹬离地面时，起跳腿积极下压，并用全脚掌快速有力地踏板并做“扒”的动作，以利于减小冲撞力，脚掌的运动方向是向下、向后。起跳脚着地时起跳腿几乎伸直。当身体重心刚移至起跳腿支撑点上方的一瞬间，起跳腿应快速有力蹬直，使踏跳腿的髋、膝、踝关节充分伸展，蹬地角约 75°，摆动腿大腿接近抬平，小腿自然下垂，上体及头部保持正直，两臂摆至体侧前方，当大臂摆到与肩平时，应突然停止制动，如图 4－3－6 所示。

图 4－3－6

3. 腾空

起跳蹬离地面后，就进入腾空阶段。腾空后，上体正直，起跳腿自然留在身体后面，摆动腿和两臂保持踏跳时的姿势，形成“腾空步”。

腾空动作主要是保持身体在空中的平衡，为合理的落地动作创造有利条件。

1）*蹲踞式*

起跳腾空后，在腾空步至最高点时，踏跳腿迅速屈膝提拉向摆动腿靠拢，上体稍前倾，两臂下摆，在空中成“蹲踞”姿势。上体前倾，两臂同时向前、向下、向后摆动，小腿自然前伸准备落地，如图 4－3－7 所示。

图 4－3－7

2）*挺身式*

起跳腾空保持一定的“腾空步”姿势后，摆动腿大腿积极下放并向后摆，与留在身体后面的起跳腿靠近，同时两臂积极向侧后方挥摆，当摆动腿放下时，两臂同时上举，身体在空中形成挺身姿势。然后两臂从后上方向前、向下后方摆动，两腿屈膝前收靠近胸部。接近落地时，小腿积极前伸，上体前倾，准备落地，如图 4－3－8 所示。

图 4－3－8

4. 落地

落地的要求是在身体不后倒的前提下，尽量获得最大的落地距离，同时缓冲落地的冲撞力，避免发生意外伤害。

落地前，要把两腿同时向前伸出，上体稍前倾。当脚跟触及沙面时，立即向前屈膝缓冲，同时两臂由后向前摆动，尽快转为全蹲姿势或向侧方倒体，使身体重心移过支撑点，如图 4－3－9 和图 4－3－10 所示。

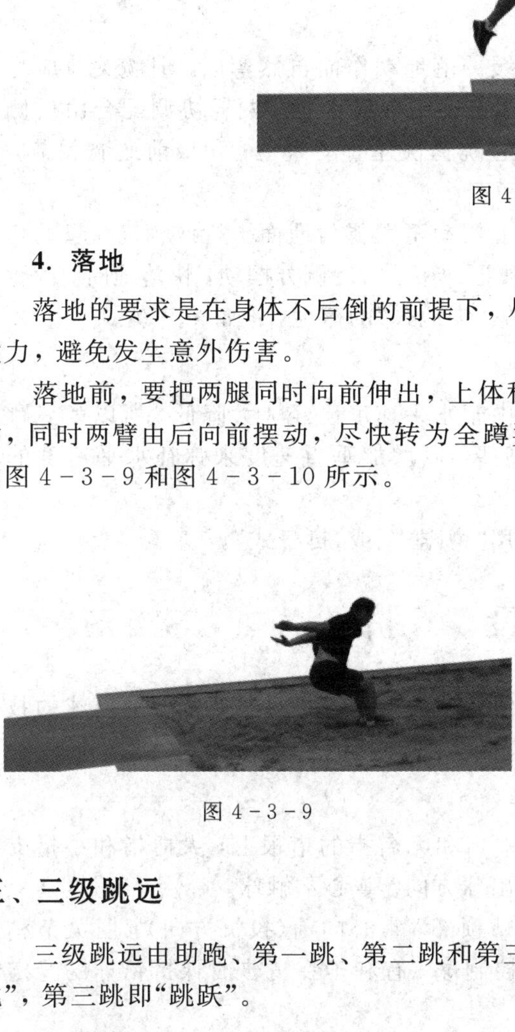

图 4－3－9

图 4－3－10

三、三级跳远

三级跳远由助跑、第一跳、第二跳和第三跳组成。第一跳即“单脚跳”，第二跳即“跨步跳”，第三跳即“跳跃”。

1. 助跑

三级跳远的助跑和急行跳远的助跑方法基本相同。但是最后几步助跑时上体稍前倾，因为第一跳的蹬地角(起跳脚将要离地时，腿与地面的夹角)比跳远要小。助跑的距离因人而异。

2. 第一跳(单脚跳)

三级跳远的第一跳不仅要获得一定的远度，而且还要为第二跳做准备，所以第一跳不能像跳远那样往上跳得过高，要尽量加快起跳速度，并使身体重心迅速向前移动，因此起跳的蹬地角和腾空角(腾空时身体重心抛物线与地面的夹角)要比跳远小。

起跳腾空后，形成一个腾空步。在腾空步中，上体要正直，不要向前倾，以免影响腾空。腾空步要保持一定的时间，在腾空步的后半段，起跳腿以大腿带动小腿前摆，与摆动腿交换，称为“交换步”。交换步的要求是:起跳腿屈膝向前上方摆动，同时摆动腿由上向下、向后摆动，形成“交换步”。上体自然地稍微前倾，两臂协调配合两腿摆动，维持身体平衡。在“交换步”后，起跳腿继续摆至大腿与地面平行，然后大腿积极下压，由前向下、向后积极地以“刨地式”落地，异侧的臂由前向后侧摆，准备第二跳的起跳。

3. 第二跳(跨步跳)

第一跳落地后上体保持正直，踏跳腿由于缓冲落地动作而自然弯曲，但髋关节应尽量保持挺直。此时，在身体后面的摆动腿向前积极有力地屈膝上摆，两臂协调配合由后侧向前上方摆动(也可以采用单臂前后摆动)，同时起跳腿快速有力蹬地，积极前送髋关节，完成第二跳起跳。

在第二跳腾空步的后半段，摆动腿继续向上摆动至大腿与地面平行或稍高，起跳腿仍然在身后弯曲，上体稍前倾，两臂同时由上成弧形向下、向后侧方摆动，快落地时，两臂已摆至身体的后侧方。摆动腿开始迅速而积极地做“刨地式”的落地，准备第三跳。

4. 第三跳(跳跃)

第三跳的起跳技术同前两跳的技术一样。由于水平速度已经大大降低，所以第三跳应在充分利用剩余水平速度的同时，尽量跳得高些，以增加垂直速度来弥补水平速度的不足，使最后一跳更远些。

第三跳踏跳腾空后的动作同跳远一样，可用“蹲踞式”或“挺身式”。

第四节　投　　掷

投掷项目主要包括推铅球、投标枪、掷铁饼、掷链球等。以下主要介绍推铅球的技术要领和练习方法。

1. 握球和持球

握球手的手指自然分开，把球放在食指、中指和无名指的指根上，大拇指和小指支撑在球的两侧，以防止球的滑动和便于控制球的出球方向。掌心不触球。

握好球后，将球放在右肩锁骨窝处，并紧贴颈部，掌心向前(投掷方向)，肘关节稍低于肩部，这样可以减轻投掷臂的负担，更好地控制球，有利于在滑步时保持铅球的稳定性和最后用力。

2. 原地推铅球

握好球后，身体左侧对准投掷方向，两脚左右开立比肩稍宽，左脚尖指向斜前方并与右脚弓在一直线上，右膝弯曲，上体向右倾斜扭转，重心落在右腿上，左臂微屈于胸前，使球的垂直线离开右脚外侧，以拉长用力距离和拉紧左侧肌肉。

推球时，右脚迅速用力蹬地，脚跟提起，右膝内转送髋，使上体向左侧抬起，朝着投掷方向转动。当身体左侧接近于地面垂直的一刹那，以左肩为轴，右腿迅速蹬直，身体转向投掷方向，挺胸抬头，右肩用力向前送，右臂迅速伸直将球向前上方成40°～42°角推出。球离手时要用手腕用力推球。推球的同时，左腿用力向上蹬直，以增加铅球向前和向上的力量。球出手后，右腿迅速与左脚交换，缓冲向前的力量，以维持身体的平衡。

3. 侧向滑步推铅球

预备姿势：侧对投掷方向，右腿弯曲，站在投掷圈内后沿的直径线上，脚尖略偏向左，重心落在右腿上，左脚以前脚掌着地，两脚相距约 40 cm，左臂微屈于胸前，上体向右倾斜。

滑步和最后用力：滑步的目的是使铅球在最后用力前获得一定的速度，并为最后用力创造良好的条件。

滑步动作：从侧向预备姿势开始，左腿向投掷方向做一两次预摆，当最后一次预摆结束，在左腿回摆的同时，右腿弯曲，降低身体重心。当左腿回摆靠近右腿时，紧接着以大腿带动小腿向投掷方向摆出，同时右脚用力蹬地，使身体重心向投掷方向移动。右腿充分蹬直后迅速收小腿，沿地面向左滑进至圆圈中心附近，同时左脚积极下放与右脚几乎同时落地，以前脚掌内侧着地，并与右脚弓成一直线，身体重心落在弯曲的右腿上。这时，身体成原地推铅球的预备姿势，为最后用力做好准备。

最后用力：当左脚一落地，就开始最后用力。最后用力的技术动作与原地推铅球相同，但必须注意滑步刚一结束就迅速、不停顿地进行推球动作。

田径健身运动是学校课外体育锻炼的主要内容，在组织学生参加田径健身锻炼时应注意如下事项。

1. 做好宣传发动工作

要把参加田径健身运动锻炼和达到《学生体质健康标准》结合起来，做好田径健身运动的宣传、发动和组织落实工作，使广大学生积极自觉地参加课外体育锻炼。还可以组织学生运动队、体育社团和课外体育锻炼小组，并把锻炼时间落实和固定到每周课表之中。

2. 遵循身体锻炼原则，科学地进行锻炼

身体锻炼原则是人们在长期体育锻炼实践中总结出来的带有普遍指导意义的经验和准则，是体育锻炼客观规律的反映。因此，在田径健身运动锻炼中也必须贯彻好身体锻炼原则。这些原则是适量性原则、渐进性原则、全面性原则、反复性原则和个别性原则等。在指导学生参加田径健身运动的锻炼过程中，一定要结合田径运动项目的特点，认真贯彻这些原则，使学生收到好的锻炼效果。

3. 田径健身运动项目的多样性和灵活性

田径健身运动项目不能完全等同于田径竞技运动项目，田径竞技项目对身体素质和专项技术要求较高，练习比较枯燥，与青少年身体、心理发展水平不相适应。选择项目和内容不当，会影响学生进行田径锻炼的积极性和锻炼效果，根据田径健身运动的分类方法，可以从走、跑、跳、投 4 类基本运动方式入手，对传统田径竞技项目进行游戏化、生活化、趣味化的改造，开发出适合青少年身心发展水平的多种多样的田径健身练习方法和手段，激发学生参加田径锻炼的兴趣，提高他们进行田径锻炼的积极性。

4. 要做好田径健身运动锻炼的准备活动

由于人体各器官机能都有一定的生理惰性，因此，在参加田径健身运动锻炼前必须做好准备活动，以提高大脑皮层神经细胞的兴奋性，克服人体机能惰性，协调各器官系统的工作，为参加较为剧烈的田径健身锻炼做好准备。

5. 锻炼与比赛、测验相结合

要把开展经常性的田径健身运动锻炼活动与组织小型、多样的田径运动竞赛和测验结合起来，这样不仅能推动经常性田径健身运动锻炼活动的开展，而且通过竞赛和测验，能使学生看到自己锻炼的效果，提高学生参加田径健身运动的积极性。

6. 加强安全教育，抓好安全措施，预防伤害事故

田径运动锻炼的目的是促进健康、增强体质，如果在锻炼中发生了伤害事故，就违背了田径运动锻炼的根本目的。因此，在组织学生参加田径运动锻炼的过程中应十分注意安全。要经常检查场地、器材，发现不安全因素要及时采取措施。要教育学生遵守运动安全的相关要求，加强自我安全保护。

7. 做好自我检查

自我检查是指体育锻炼者用生理卫生知识和医学知识对自己参加体育锻炼后的身体情况进行观察和检查。通过自我检查，了解对锻炼内容和运动量的适应情况，在锻炼期间身体发育、健康与肌肉变化情况，为今后参加体育锻炼提供依据。自我检查的内容主要有：参加锻炼前后和锻炼中的自我感觉、睡眠、食欲、体重、脉搏等。体育教师在组织学生参加田径运动过程中，必须让学生掌握自我检查的知识和方法，认真做好田径运动锻炼期间的自我检查，使田径运动锻炼在运动规律的指导下进行。

第五章　足　　球

足球运动是以脚支配球为主，但也可以使用头、胸部等部位触球，是两个队在同一场地内进行攻守的体育运动项目。当今足球运动已成为人们生活中不可缺少的组成部分。据不完全统计，现在世界上经常参加比赛的球队约80万支，登记注册的运动员约4000万人，其中职业运动员约10万人。足球运动有如此大的魅力，不仅在于足球运动蕴含着丰富的内涵，而且也与足球运动的特点有关。

（1）整体性：足球比赛每队由11人上场参赛，行动要一致，攻则全动，守则全防，整体参战的意识要强。只有形成整体的攻守，才能取得比赛的主动权及良好的比赛结果。

（2）大局性：足球比赛场地大，人数多，如何利用好场地和人数就是胜负的一个关键。

（3）对抗性：足球运动是一项竞争激烈的对抗性项目，比赛中双方为争夺控制权，达到将球攻进对方球门，而又不让球进入本方球门的目的，展开短兵相接的争斗。

（4）多变性：足球运动是一项技术上多彩多姿、战术上变幻莫测、胜负结局难以预测的非周期性运动项目，比赛中运用技术、战术时要受对方直接的干扰、限制和抵抗。技术、战术是依临场中具体情况而灵活机动地加以运用和发挥的。

（5）易行性：足球竞赛规则比较简练，器材设备要求也不高，因而是全民健身中一项十分易于开展的群众性的体育运动项目。

第一节　足球基本技术

一、颠球

颠球是运动员用身体的各个有效部位连续地触击球，并加以控制尽量使球不落地的技术动作。颠球是运动员熟悉球性的一种练习手段，以增强对球的弹性、重量、旋转及触球部位、击球时用力大小的感觉。

1. 技术动作要领

脚背颠球。脚向前上方摆动，用脚背击球，击球时踝关节固定，击球的下部。两脚可交替击球，也可一只脚支撑，另一只脚连续击球。击球时用力均匀，使球始终控制在身体周围。

2. 练习方法

1）一人一球颠球

体会触球的时间、触球的部位、触球的力量和整个动作的协调。

2）两人一球颠球

用脚背、大腿、头部以及身体各部位颠球，掌握好触球的力量，尽量不让球落地。每人可触球一次颠给对方，也可触球多次互颠。

二、踢球

踢球是运动员有目的地用脚把球击向预定目标的技术。踢球是足球技术中最重要的技术，主要用于传球和射门。

1. 技术动作要领

踢球的方法很多，但主要有脚内侧踢球、脚背正面踢球、脚背内侧踢球、脚背外侧踢球。

1）脚内侧踢球（又称脚弓踢球）

它的特点是脚与球接触面积大，出球准确平稳且易于掌握。但由于踢球时要求大腿前摆到一定的程度时需要外展且屈膝，故大腿与小腿的摆动都受到限制，因此出球的力量相对较小。这里重点介绍脚内侧踢定位球：直线助跑，支撑脚的最后一步稍大些，支撑脚在球的侧面约15厘米处，脚尖正对出球方向，支撑腿膝关节微屈。在支撑脚着地时，踢球腿大腿带动小腿由后向前摆动，在前摆过程中大腿外展，当膝关节的摆动接近球的正上方时小腿做爆发式摆动，在触球前将脚跟送出使得脚内侧部位所形成的平面（如图5－1－1所示）与出球方向垂直，踢球脚脚底与地面平行，脚尖微微翘起，踝关节功能性紧张使脚形固定，触球后身体跟随移动，髋关节向前送，如图5－1－2所示。

图5－1－1

图5－1－2

2）脚背正面踢球

脚背正面踢球由于其动作特点，摆幅相对较大，加之用脚背正面踢球接触面较大，因而踢球力量较大，准确性也较强。但受以上因素影响，出球的方向及性质相对变化较小。在比赛中经常使用脚背正面踢定位球、地滚球、空中球、反弹球及倒勾球。球的性质多为不旋转的直线球，但也可用来抽击前旋球。这里重点介绍脚背正面踢定位球：直线助跑，最后一步稍大些，支撑脚积极着地支撑，在球的侧面10厘米～15厘米处，脚尖正对出球方向，膝关节微屈，踢球腿随跑动以髋关节为轴，大腿带动小腿由后向前摆动。当膝关节摆至接近球的正上方时，小腿做爆发式的摆动，脚趾屈，以脚背正面部位（如图5－1－3所示）击球后中部，击球后身体及踢球腿随球前移，如图5－1－4所示。

图5－1－3

图5－1－4

3）脚背内侧踢球

这是一种用第一趾骨及趾关节部位（如图 5－1－5 所示）触击球的踢球方法。其技术结构与前两类踢球方法相同，但技术细节则有所区别。这里重点介绍脚背内侧踢定位球：斜线助跑，助跑方向与出球方向约成 45°角，最后一步稍大，以支撑脚积极着地，脚尖指向出球方向，距球侧后方为 20 厘米～25 厘米，膝关节微屈。在支撑脚着地的同时，踢球腿已完成后摆，并开始以髋关节为轴大腿带动小腿由后向前摆动，当大腿摆至与支撑腿近同一平面时，小腿做爆发式摆动，此时脚尖外转、脚背绷直，以脚背内侧部位触击球。击球后踢球腿及身体继续随球向前，如图 5－1－6 所示。

图 5－1－5

图 5－1－6

4）脚背外侧踢球

图 5－1－7

脚背外侧踢球是用第三、四、五趾骨部位（如图 5－1－7 所示）接触球的一种踢球方法。由于踢这种球的脚腕灵活性较大，摆腿方向变化较多，且助跑时又是正常的跑动姿势，故其出球隐蔽性较强，适用于足球比赛中各种距离的弧线球及非弧线球。这里重点介绍脚背外侧踢定位球：助跑、支撑脚站位及踢球腿摆动均与脚背正面踢球技术的三个环节相同，脚触球部位是脚背外侧。此时要求膝关节和脚尖内转，脚背绷紧，脚趾紧屈并提膝，触球后身体随踢球腿的摆动前移。

2. 练习方法

（1）各种踢球技术动作的模仿练习。在地面设想有一目标，跨步上前做踢球动作，然后发展到几步慢速助跑踢球的模仿动作练习，最后可做快速助跑踢球的模仿练习。

（2）一人用脚底挡球，另一人踢球练习。此方法应注意踢球摆动与触球部位的正确与否，同时还要检查其支撑阶段的状况。

（3）各种脚法的两人练习。不论是传球还是射门练习，都可以两人进行。若两人练习踢定位球，则辅以停球练习；若进行踢活动球练习，则可相隔一定的距离进行不停顿的连续传球练习。

三、停球

停球是运动员有目的地用身体的合理部位把运行中的球停下来，控制在所需要的范围内，以便更好地衔接下一个技术动作。

1. 技术动作要领

停球的方法有多种，常用的有脚内侧、脚背正面、脚背外侧、脚底、大腿、腹部、胸部、头部等部位。这里重点介绍以下两种。

1）脚内侧停球

这是用脚内侧部位停球的一种技术。由于动作简单，较易掌握，比赛中经常使用这种技术停各种地滚球、平球、反弹球、空中球。

（1）脚内侧停地滚球：支撑脚脚尖正对来球，膝关节微屈，同侧肩正对来球；接球腿提膝大腿外展，脚尖微翘，脚底基本与地面平行，脚内侧正对来球并前迎，当脚内侧与球接触的一刹那间迅速后撤，把球停在脚下，如图 5－1－8 所示。

（2）脚内侧停反弹球：根据来球的落点及时移动到位，支撑脚的位置在球落地点的侧前方，支撑腿膝关节微屈，身体向停球后运行的方向偏移；停球腿提起小腿且放松，脚尖微翘，脚内侧对着停球后球运行的方向并与地面成锐角，当球落地反弹刚离地面时，大腿向停球运行的方向摆动，用脚内侧部位轻推球的中上部，如图 5－1－9 所示。

图 5－1－8

图 5－1－9

（3）脚内侧停空中球：根据来球的速度与运行轨迹及时移动到位。若为抛物线较小的平高球则应根据临场的实际情况选择适当高度的停球点，将停球腿抬起，使脚内侧部位对准来球的方向并前迎，脚在接触球的一瞬间后撤，并将球停在所需的位置上，如图 5－1－10所示。

图 5－1－10

2）脚底停球

由于脚底停球技术便于掌握，易于将球停到所需的位置，故常被用来停各种地滚球和反弹球。

图 5-1-11

(1) 脚底停地滚球：身体正对来球方向，移动前迎，支撑脚站立在球的侧面，脚尖正对来球方向，膝关节微屈，同时停球腿提起，膝关节微屈，脚略背屈，使脚底与地面成小于45°角，一般以前脚掌接触球的上部为宜；在触球瞬间停球脚可微屈将球停住，也可以根据需要在停球同时将球推向前方或拉向身后。

(2) 脚底停反弹球：根据来球落点及时前移迎球，支撑脚站在落点侧后方，脚尖正对来球方向，球落地瞬间，用前脚掌去触球的中上部，微伸膝，用脚掌将球停在体前，如图 5-1-11 所示。

2. 练习方法

1) 个人停球技术练习

(1) 利用足球墙进行练习。采用足球墙练习各种方法停地滚球，由开始原地停逐渐过渡到迎上去停，提高反弹球速，增加停球难度。

(2) 个人将球踢高，然后进行停反弹球的各种练习。

2) 多人停球技术练习

(1) 正面停地滚球。两人对面站立，相距10米左右，一人踢地滚球，另一人迎上去停球。

(2) 两人在跑动中进行传接球练习。两人一组使用一球，在一定范围内跑动练习，要求停球时尽量使用多种方法，传球时可传出各种性质的球，距离近时以地滚球为主，距离远时以空中球为主，以提高停球能力。

(3) 两人一组对面站立，相距3米左右，一人用手抛球，另一人做停各种空中球的练习，可逐渐加大距离、加大力量以适应各种变化的来球。

四、运球

运球是指运动员在跑动中有目的地用脚的连续推、拨，使球处在自己控制之下的触球动作。

1. 技术动作要领

常用的运球技术有脚内侧、脚背正面、脚背外侧、脚背内侧运球以及拨球、拉球、扣球。

1) 脚内侧运球

图 5-1-12

要求在运球前进时支撑脚始终领先于球，位于球的侧前方，肩部指向运球方向，支撑腿膝关节微屈，重心放在支撑腿上，另一条腿提起、屈膝，用脚内侧推球前进，然后运球脚着地，如图 5-1-12 所示。

2) 脚背正面运球

运球时身体保持正常跑动姿势，上体稍前倾，步幅不宜过大，运球腿提起，膝关节稍屈，髋关节前送，提踵，脚尖下指，在着地前用脚背正面部位触球后中部将球推送前进。由于脚背正面运球时身体持正常跑动姿势，故可以发挥出较快的速度，因而这种技术多用在运球前方一定距离内无对手阻拦时。

3）脚背外侧运球

运球时身体持正常跑动姿势，上体稍前倾，步幅不宜过大，运球腿提起，膝关节稍屈，髋关节前送，提踵，脚尖绕矢状轴向内旋转，使脚背外侧正对运球方向，在运球脚落地前用脚背外侧推拨球的后中部，如图 5－1－13 所示。脚背外侧运球时，身体姿势与正常跑动时相同，因而可以发挥出较快的速度，故与脚背正面运球有相同的用途。

图 5－1－13

4）脚背内侧运球

身体稍侧转并自然协调放松，步幅小，上体前倾，运球腿提起外展。膝微屈外展，提踵，脚尖外转，使脚背内侧正对运球方向，在运球脚落地前用脚背内侧推拨球，使球随身体前进。脚背内侧运球由于身体稍侧转，不能采用正常跑动姿势，因而不适用于高速运球。但由于接触部位和支撑位置的特点易于完成向支撑脚一侧的转动，故多用于向支撑脚一侧的转动变向运球。

5）拨球

利用脚腕关节侧向的转动，以达到用脚背内侧或脚背外侧触球，将球拨向身体的侧前方、侧方、侧后方，如图 5－1－14 所示。

图 5－1－14

6）拉球

将前脚掌放在球的上部或侧上部，另一脚在球的侧后方支持，然后触球脚向后下方用力将球回拉。回拉球一般都是躲开或引诱对方出脚抢球的瞬间将球拉回造成对方抢球落空，使其重心随抢球脚前移，趁对手难以返回的瞬间将球迅速推送出去越过防守者，如图 5－1－15 所示。

图 5-1-15

7）扣球

这种方法与拨球相同，不同的是它的用力是突然的并伴随着突然的转身或急停使对手在来不及调整重心的瞬间，突然从反方向推送球越过对手的防守，如图 5-1-16 所示。

图 5-1-16

2. 练习方法

（1）在慢跑中分别用单脚脚内侧运球，脚背正面运球，脚背外侧运球，运球方向沿直线进行。

（2）在慢跑中沿弧线运球，用脚内侧、脚背内侧、脚背外侧沿中圈线做顺时针、逆时针运球。

（3）在慢跑中一只脚交替用脚背内侧和脚背外侧运球沿折线运行。

（4）在慢跑中双脚交替用脚背内侧运球沿折线运行。

（5）拨球练习。在一定范围内自由运球，按手势用一只脚做支撑，另一只脚用脚背内侧或外侧拨球绕支撑脚做圆周运球，两脚轮流练习。

（6）拉球练习。在一定范围内自由运球，听哨音后用一只脚做支撑脚，另一只脚用脚前掌触球顶部，拉球绕支撑脚做圆圈运动，一步一步拉球。

（7）运球绕杆练习。队员成一路纵队，第一人依次过杆后传球给后面的人，后面的人重复第一人的动作，依次进行。若每人一球则可在前一个运球后，下一人即开始，依次运球绕杆。

五、头顶球

头顶球是运动员有目的地用前额将球击向预定目标的动作。足球比赛中不仅要处理各种各样不同形式和不同性质的地滚球，同时也要处理各种空中球。当遇到胸以下部位不能触及或规则不允许触及的一些空中球时就需要用头部来处理。头顶球技术分前额正面头顶球与前额侧面头顶球，这里主要介绍前额正面头顶球。

1. 技术动作要领

前额正面头顶球是由额肌覆盖着的额骨正部去击球的一种动作方法，触球部位(如图 5－1－17 所示)为前额的阴影部分。

5－1－17

1）原地头顶球

身体正对来球方向，眼睛注视运动中的球，两脚左右开立，膝关节微屈，重心置于两脚间的支撑面上，两臂自然张开。当球运行到身体垂直面时，两腿用力蹬地，迅速向前摆体，微收下颌，在触球瞬间颈部做爆发式振摆，用前额正面击球中部，上体随球前摆，如图 5－1－18所示。

图 5－1－18

2）原地跳起头顶球

这种技术在本方或对方传来高球时运用。两膝屈，重心下降，然后两脚用力蹬地起跳，同时两臂屈肘上摆，在身体上升阶段展腹挺胸，两臂自然张开，眼睛注视来球，身体自然成背弓。当球运行至身体额状面时，迅速收腹，上体前摆，触球瞬间颈部做爆发性振摆，用前额正面将球顶出，同时两腿向前做振摆，球顶出后两腿屈膝落地，如图 5－1－19 所示。

图 5－1－19

2. 练习方法

1）个人进行头顶球练习

（1）做各种头顶球的模仿动作练习。

（2）自己双手举球在头前，用前额正面或侧面去触击球，体会触球部位，培养顶球过程中注视来球的习惯。

2）多人头顶球练习

两人或两人以上在一起进行抛球的头顶球练习。这样可以培养对运行中球的速度、轨迹的判断能力，身体摆动协调及击球的准确性等。

六、掷界外球

由于掷界外球时接球人不受越位规则的约束，因此不仅用于恢复比赛，而且可以为进攻创造有利条件。尤其是在前场 30 米内掷界外球，将球直接掷入门前，可以给对方造成很大的威胁。

1. 技术动作要领

1）原地掷界外球

面对出球方向，两脚前后或左右开立，每脚均应有一部分站立在边线上或边线外。膝关节弯曲，上体后仰成背弓，重心后移，两手自然张开，拇指相对，持球的侧后部，屈肘将球置于头后。掷球时，脚用力蹬地，两腿迅速伸直，身体重心前移，收腹屈体，同时两臂急速前摆，后脚可沿地面向前滑动，两脚均不得离地，如图 5－1－20 所示。

图 5－1－20

2）助跑掷界外球

两手持球放在胸前，在助跑迈出最后一步时，上体后仰成背弓，同时将球上举至头后，掷球时的动作与原地掷界外球动作相同。将球掷出后，后脚可在地面上向前滑行，但不得离地。

2. 练习方法

（1）两人一球，相距 25 米，原地对掷界外球。

（2）两人一球，相距 25 米，两端设两条平行线，助跑对掷界外球。

第二节　足球基本战术

足球战术是指在足球比赛中，为了战胜对方，根据主客观情况所采取的个人行动和集体配合的方法。足球比赛由进攻与防守组成，攻守的转换构成比赛过程。足球战术可分为进攻战术和防守战术两大系统，各系统又都包括个人战术、局部战术和整体战术。

一、比赛阵形

比赛阵形是比赛场上队员的位置排列、攻守力量搭配和职责分工的形式。阵形的人数排列，一般是从后卫排向前锋，根据队员排列的层次分成后卫线、前卫线和前锋线。阵形可使每个场上队员明确基本位置和主要职责。足球比赛中采用的阵形主要有以下 3 种。

1. “四三三”阵形

“四三三”阵形是由“四二四”阵形变化来的，是把一名前锋回撤到中场而形成的，这加强了中场控制，使防守更加稳固，进攻更加灵活。

2. “四四二”阵形

“四四二”阵形是由“四三三”阵形变化来的，是将一名前锋回撤到中场，以两名前锋突前而形成的。主要特点是全队防守更加稳固，有利于快速反击，场上队员更加机动，中、后场队员可随机插上进攻。

3. “五三二”阵形。

“五三二”阵形是由“四四二”阵形变化来的，是把一名前卫回撤到后卫线，使之成为盯人中卫而形成的。主要特点是能组成稳固的防线，有利于快速反击，中、后场队员可随机插上进攻，增加了进攻的突然性。

二、进攻战术

进攻战术是指在比赛中，为了战胜对方所采取的个人进攻行动和集体配合的方法。

1. 个人进攻战术

个人进攻战术是队员在比赛中，为了战胜对手，完成整体进攻任务而采取的个人行动。

（1）传球是队员在比赛中有目的地把球踢（顶）给同伴或踢（顶）向预定方向的方法。传球是整体战术配合的基础，是组织进攻、变换战术和创造射门机会的重要手段，也是迅速逼近对方球门最有效的方法。

(2) 跑位是指在比赛中队员在无球情况下，通过有意识的跑动，为自己或同伴创造进攻机会的行动。跑位是整体进攻战术的基础，是进攻队员为获得球的准备行动，也是拉开对方防线、创造传球空当的重要手段。

2. 局部进攻战术

局部进攻战术是指进攻中两个或几个队员之间的配合方法，它是集体配合的基础。

(1) 交叉掩护配合。在局部场区两名进攻队员在运球交叉换位时，以自己身体掩护同伴越过一名防守队员的配合方法。

(2) 传切配合。控球队员将球传给切入的进攻队员的配合方法。传切配合的形式有：局部一传一切和长传切入。

(3) 二过一配合。在局部场区两名进攻队员通过两次连续传球配合越过一名防守队员的配合方法。二过一配合的形式根据传球和跑位的路线有：斜传直插传二过一、直传斜插直传二过一、踢墙式二过一和回传反切直传二过一等。

3. 整体进攻战术

整体进攻战术是为了完成进攻战术任务所采用的全局性的进攻配合方法。整体进攻战术涉及的人员比较多，是全队协同一致的行动，体现一个队的进攻实力和配合能力。依据进攻发展的场区可分为边路进攻和中路进攻。一次完整的进攻由发动、发展和结束三个阶段组成。

三、防守战术

防守战术是在比赛中，为了阻止对方的进攻和重新获得球权所采取的个人防守行动和集体配合的方法。

1. 个人防守战术

1) 选位

选位是指防守队员在防守时选择占据合理防守位置的行动。选位是防守的基础，合理的选位不仅能控制防守面和有效地运用防守动作，而且也决定了整体防守布局的合理程度，对防线的稳固性具有重要作用。选位的基本原则是本方丧失球权后快速回位，并处在对手与本方球门中心所构成的连线上，与对手的距离要根据场区以及球所处的位置决定。

2) 盯人

盯人是指防守队员限制进攻队员所采取的行动。盯人是现代足球比赛中广泛采用的防守方法，有效的盯人防守是遏制与瓦解对方进攻，重新获得球权的重要手段。

2. 局部防守战术

局部防守战术是指两个或几个防守队员之间的配合方法。它是集体配合的基础。基本配合形式有保护和补位。

1) 保护

保护是指同伴紧逼控球对手时，自己选择有利位置来保护同伴，防止对手突破的配合。因此，防守队员之间必须进行互相保护，当距离较近的同伴逼抢控球的对手时，离球较远的队员应撤到同伴身后进行保护，控球队员一旦越过同伴，可以及时补位，防止突破。

2）补位

补位是指防守队员弥补同伴在防守中出现漏洞所采取的互相协助的战术配合。比赛中，通过同伴间的相互补位，可以有效遏制和破坏对方的进攻行动，变被动为主动。

四、足球基本战术的学习

足球基本战术的学习与运用应该在掌握了一定足球技术的基础上，按照从个人到局部、从局部到整体、从非对抗到对抗、从防守到进攻的步骤进行。在演练时首先要熟悉跑动的路线，然后在非对抗的条件下进行战术练习，要掌握跑动的时机、线路，传球的时机、速度、线路、性质和力量的大小。在进行对抗练习时，要先进行消极防守，待配合比较熟练后，再逐渐加大对抗的强度。在进行攻守对抗时，一般先练习进攻战术，后练习防守战术。随着进攻战术配合熟练程度的提高，再相应提高防守的要求。

第三节　足球比赛规则

一、比赛场地

1. 场地面积

比赛场地应为长方形，其长度不得多于120米或少于90米，宽度不得多于90米或少于45米(国际比赛的场地长度不得多于110米或少于100米，宽度不得多于75米或少于64米)。在任何情况下，长度必须超过宽度。比赛场地如图5－3－1所示。

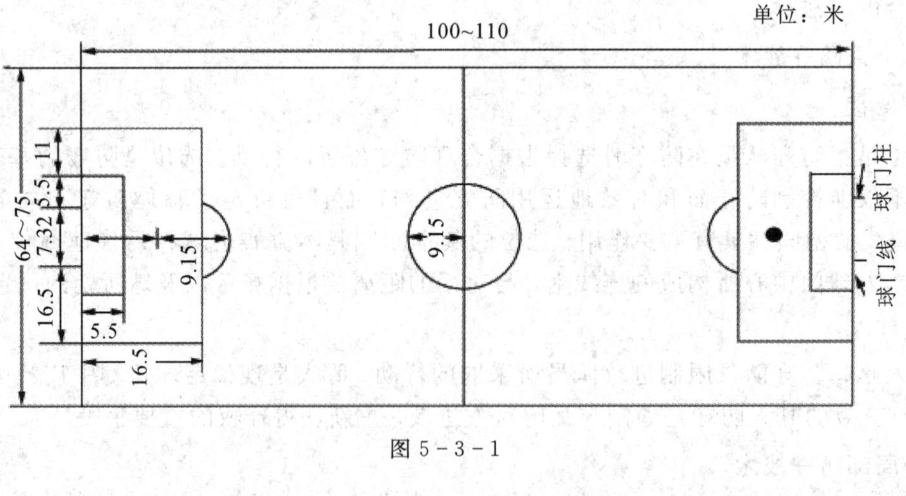

图5－3－1

2. 画线

比赛场地应按照平面图画出清晰的线条，线宽不得超过12厘米，不得做成“V”形凹槽。较长的两条线叫边线，较短的叫球门线。场地中间画一条横穿球场的线叫中线。场地中央应当做一个明显的标记，并以此点为圆心，以9.15米为半径，画一个圆圈叫中圈。场地每个角上应各竖一面不低于1.50米高的平顶旗杆，上系一面小旗。相似的旗和旗杆可以各竖一面在场地两侧正对中线的边线外至少 1 米处。

3. 球门区

在比赛场地两端距球门柱内侧 5.50 米处的球门线上，向场内各画一条长 5.50 米与球门线垂直的线，一端与球门线相接，另一端画一条连接线与球门线平行，这三条线与球门线范围内的场区叫球门区。

4. 罚球区

在比赛场地两端距球门柱内侧 16.50 米处的球门线上，向场内各画一条长 16.50 米与球门线垂直的线，一端与球门线相接，另一端画一条连接线与球门线平行，这三条线与球门线范围内的场区叫罚球区，在两球门线中点垂直向场内量 11 米处各做一个清晰的标记，叫罚球点。以罚球点为圆心，以 9.15 米为半径，在罚球区外画一段弧线，叫罚球弧。

5. 角球区

以边线和球门线交叉点为圆心，以 1 米为半径，向场内各画一段四分之一的圆弧，这个弧内场区叫角球区。

6. 球门

球门应设在每条球门线的中央，由两根相距 7.32 米、与四面角旗点相等距离、直立门柱与一根下沿离地面 2.44 米的水平横木连接组成。为确保安全，无论是固定球门或可移动球门都必须稳定地固定在场地上。球网附加在球门后面的门柱及横木和地上。球网应适当撑起，使守门员有充分活动的空间。球网允许用大麻、黄麻或尼龙制成。可以使用尼龙绳，但不得比大麻或黄麻绳细。

二、球

比赛用球应为圆形，它的外壳应用皮革或其他许可的材料制成，在它的结构中不得使用可能伤害运动员的材料。球的圆周不得大于 71 厘米或小于 68 厘米。球的重量，在比赛开始时不得多于 453 克或少于 396 克。充气后其压力应相等于 0.6～1.1 个大气压力。在比赛进行中，未经裁判员许可，不得更换比赛用球。

三、队员人数

上场比赛的两个队每队队员人数不得超过 11 人。每队必须有一名守门员。每队在比赛时可有 1～2 名替补队员，如果是“友谊比赛”，可以有 5 名以下的替补队员。在经裁判员同意后，在比赛暂停时，替补队员可替换队员。只有被替补队员下场后，替补队员才能上场。未经裁判员同意，任何队员不得上场或下场。

四、比赛时间

比赛时间应分为两个相等的半场，每半场 45 分钟。特殊情况双方同意另定除外，并按下列规定执行。

(1) 在每半场中由于替补、处理伤员、延误时间及其他原因损失的时间均应补足，这段时间的多少由裁判员决定。

(2) 在每半场时间终了时或全场比赛结束后，如执行罚球点球，则应延长时间至罚完为止。除经裁判员同意外，上、下半场之间的休息时间不得超过5分钟。

五、场地选择

通过掷币，猜中的队决定上半场比赛的进攻方向。另一队开球开始比赛。猜中的队在下半场开球开始比赛。下半场比赛两队交换比赛场地。

六、计胜方法

除规则另有规定外，凡球的整体从门柱间及横木下越过球门线，而并非攻方队员用手掷入、带入，故意用手或臂推入球门(守门员在本方罚球区内除外)，均为攻方胜一球。

点球制胜法:在规定时间和加时赛后仍未分出胜负后采取的互罚点球，先由每队各派5人依次罚完点球，如还未分出胜负，每队各派一人罚，依次进行，直至分出胜负的方法。任何场上队员不得在本方队员未罚点球前连续罚第二次。

七、越位

凡进攻队员较球更接近于对方球门线者，即为处于越位位置。不存在越位的三种情况:球门球(当球的整体不论从地面或空中越过球门柱以外的球门线，而最后触球者为攻方队员)、掷界外球、角球。

八、任意球

任意球分两种:直接任意球(这个球可以直接射入犯规队球门得分)及间接任意球(踢球队员不得直接射门得分，除非球在进入球门以前曾被其他队员踢或触及)。

九、罚球点球

罚球点球应从罚球点上踢出，必须明确主罚队员。踢球时除主罚队员和对方守门员外，其他队员均应在罚球区外及比赛场内，并至少距罚球点9.15米。对方守门员在球被踢出前，必须站在两门柱间的球门线上(两脚不得移动)。

十、球门球

当球的整体不论在空中或地面从球门外越出球门线，而最后踢或触球者为攻方队员时，由守方队员在球门区内任何地点直接踢出罚球区恢复比赛。

十一、角球

当球的整体不论在空中或地面从球门外越出球门线，而最后踢或触球者为守方队员时，由攻方队员将球的整体放在离球出界处较近的角球区内踢角球。踢角球时，不得移动角旗杆。角球可直接射门得分。踢角球队员的对方队员在球未进入比赛时，即球未滚动至球的圆周距离时，不得进入距球9.15米以内。

第六章　篮　　球

篮球运动是一项集体性、综合性的游戏活动。它起源于人类劳动过程之中，是社会文化进步和文明程度提高的反映，是由美国马萨诸塞州基督教青年会干部训练学校的体育教师詹姆斯·奈史密斯于1891年发明的。

篮球是一个由两队参与的球类运动，每队出场5名队员，目的是使球进入对方球篮得分，并阻止对方获得球或得分。可将球向任何方向传、投、拍、滚、运，但要受规则的限制。当今世界篮球水平最高的联赛是美国的国家篮球协会（NBA）。篮球在1904年列入奥运会的表演项目，到1936年柏林奥运会时成为正式比赛项目。女子篮球到1976年蒙特利尔奥运会才成为奥运会正式比赛项目。

篮球的最大特点在于它是围绕高空的球篮这个目标，以篮球为工具，以投篮准确为目的，以个体与整体运用专门的技术、战术为手段，以两队立体型凶悍攻守对抗为基本形式的一项非周期运动。

第一节　篮球基本技术

一、移动技术

移动是篮球运动的基础。比赛中，队员几乎全部时间都在动态中运用各类技术动作去完成攻守任务。移动技术的练习，应根据篮球运动的特点，做到快、活、稳。快是指起动速度快、脚步移动快、抢断球移动快；活是指进攻与防守脚步移动要灵活、场上战术配合要灵活、进攻时处理球的方法运用要灵活；稳是指传接球要稳、投篮要稳、比赛过程中控制球要稳。

1. 起动

1）动作要领与要点

（1）动作要领：身体重心向跑动方向移动，后脚前脚掌用力蹬地，同时上体迅速地前倾或侧转，手臂迅速并协调地摆动，在最短时间内达到自身最快的速度，以摆脱防守或盯紧对手，保持或抢占有利的球场位置。

（2）动作要点：移重心，猛蹬地，快跨步，快频率。

2）进攻时练习方法

（1）队员在球场端线上面向或背向或侧向站立，根据教师的信号，队员凭听觉突然起动，向场内快速跑过半场或全场。两人一组，各持一球，相对站立相距5米～6米，每人同时将球向自己右或左侧上方抛去，双方立即起动交换位置，并将对方抛出的球接住。

（2）区域联防阵容的进攻与退守的起动练习。五人一组站位，如图6-1-1所示。教师发信号，队员听信号后，做集体起动跑至对方篮下或过中线后，快速起动退守至本方篮下，如此反复进行 3～5 次后轮换另一组。

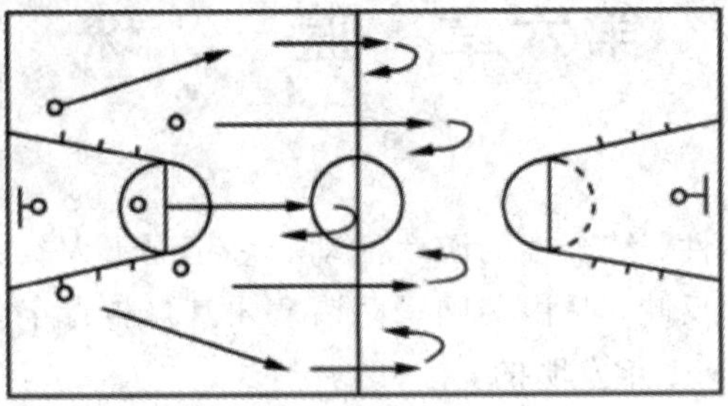

图 6－1－1

3）防守时练习方法

（1）全场曲线做后滑步，听信号做手触地的练习，做 2～3 组。

（2）全场曲线做后滑步，突然听信号做上步后跳起抢断球的练习，做 2～3 组。

（3）三人一组，两人做传接球进攻，一人做抢断球防守，练习手脚移动迅速和判断球的意识能力，做 2～3 组。

2. 急停

进攻队员在急速跑动中，防守者紧跟着无法摆脱时，可利用急停的动作将防守者甩开。急停动作分为跨步急停与跳步急停两种。

1）跨步急停

（1）动作要领：急停时先向前跨出一大步，重心后移，用脚外侧先着地并迅速过渡到全脚掌抵住地面，降低重心，身体稍后仰。第二步落地时，两膝深屈并内扣，身体稍侧转，两脚尖自然转向前方，前脚掌内侧用力抵地制动向前的冲力，上体稍向后仰，两臂屈肘自然张开，然后上体迅速自然前倾，帮助控制身体平衡，如图 6－1－2 所示。

图 6－1－2

（2）动作要点：第一步要用脚外侧着地，腿微屈。第二步脚落地时用前脚掌内侧蹬地制动，屈膝降低重心，腰胯用力控制身体平衡。

2）跳步急停

动作要领：跑动中用单脚或双脚起跳，使双脚腾空。上体稍后仰，两脚平行或前后落地成基本站立姿势，如图 6－1－3 所示。

图 6-1-3

(2) 动作要点：落地时动作轻盈，身体在空中稍侧转，以缓和前冲速度，落地后迅速降低重心，保持身体平衡。

3) 练习方法

(1) 慢跑或快跑中做两步和跳步急停练习。

(2) 运球中做两步和跳步急停练习。

(3) 接球时做两步和跳步急停练习。

(4) 运球后急停，跳起投篮，如图 6-1-4 所示。队员①持球运球至罚球线附近急停后跳起投篮，队员②在队员①急停后投篮时向篮下抢篮板球传给队员③，队员①投篮后至队员②排尾，队员②传球后至队员①排尾，依次轮流进行。

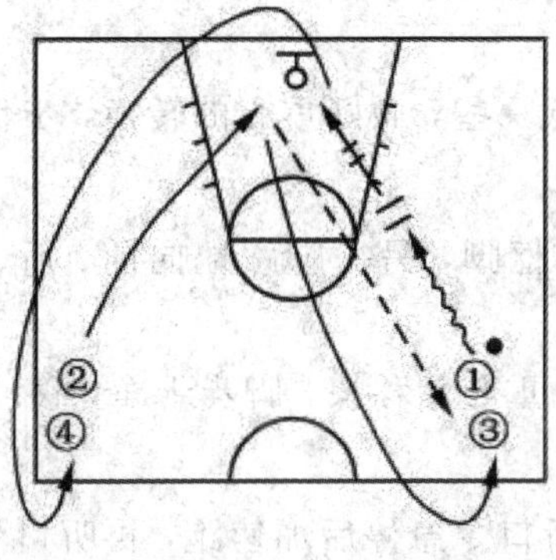

图 6-1-4

3. 步法

1) 侧滑步

(1) 动作要领：由两脚平行站立姿势开始，向左侧滑步时，左脚向左(移动方向)迈出的同时，右脚蹬地滑动，跟随左脚移动，并保持屈膝降低重心的姿势，上体微向前倾，两臂张开，抬头注视对手。注意身体不要上下起伏，两脚不要交叉，重心要保持在两脚之间。

(2) 动作要点：蹬跨协调，身体平稳，两臂伸展，如图 6-1-5 所示。

图 6-1-5

2) 前滑步

(1) 动作要领：两脚前后站立，滑步时，前脚向前迈出一步，着地的同时，后脚紧随着向前滑动，保持前后开立的姿势，注意屈膝降低重心。

（2）动作要点：身体不要有起伏，保持低重心，前脚同侧臂上举，另一臂侧下张开，如图 6-1-6 所示。

图 6-1-6

3）后滑步

动作方法与前滑步相同，身体向后移动。

4）后撤步

（1）动作要领：一般以前进或静止姿势开始，在进行运球的过程中，向防守队员的相反方向撤步，并顺势略微后仰，而后撤脚一般都是支撑起跳脚。在非起跳脚蹬地使身体后撤的同时，起跳脚往后放，重心落到起跳脚，在做脚步动作的同时球也要向后撤的方向拉过去。

（2）动作要点：身体稍微低一些，做好重心的转换，步伐干净清晰。

5）跨步

（1）动作要领：以一脚为中枢脚，另一脚蹬地向前、后、侧跨出，身体重心随着转移，但不改变身体方向。

（2）动作要点：蹬跨有力，重心转移快，脚步干净，移动后保持好身体平衡。

6）练习方法

（1）沿篮球场直线慢跑，听口令急停后加速跑，再听口令急停。

（2）沿直线跑，听信号变侧身跑，再听信号做变向摆脱跑。

（3）教师喊口令做各方向的滑步练习，也可结合手势做练习。

（4）两人一组，一攻一守，徒手练习变向、变速跑。

（5）两人一组，一人持球一人防守，持球者做跨步摆脱过人后运球前进，两人交替练习。

二、传接球技术

1. 原地双手胸前传球

原地双手胸前传球是最基本、最常用的传球方法，准确性高，容易控制，便于变化和连接其他进攻技术。

（1）动作要领：双手持球于胸腹间，两肘自然下垂靠近体侧，身体成进攻时的基本站立姿势，眼平视传球目标。传球时后脚蹬地发力，身体重心略微前移，两臂前伸，两手腕随之内旋，用拇指、食指、中指拨球，球出手后，手心向下。距离远时加大蹬地和伸臂的幅度。

（2）动作要点：前臂短促前伸，手腕前屈快速有力，拇指、食指、中指用力拨球，如图 6－1－7 所示。

图 6－1－7

2. 原地双手头上传球

（1）动作要领：双手持球置于头上，双手指朝上，两肘微屈，利用小臂前摆手腕内旋并前屈手指拨球，出手要高。

（2）动作要点：捧球于头上，腰腹发力，手腕内旋，手指拨球，如图 6－1－8 所示。

6－1－8

3. 原地反弹传球

（1）动作要领：将球击向自己与接球人之间的地面(距接球人 1/3 米处)，使球反弹至接球人腹部位置，可用单手、双手从不同位置将球传出。

（2）动作要点：位置准确，控制好传球力量、角度，如图 6－1－9 所示。

图 6－1－9

4. 原地单手肩上传球

(1) 动作要领：右手传球时，右脚向传球方向跨出半步，右手靠左手指拨送球，将球引至在肩侧上方，肩关节外展大小臂自然弯曲，手腕向后引，持球后下方，右肩对传球方向，重心在右脚上，蹬地发力，转体带动上臂，手腕前屈，食、中、无名指拨球，将球传出。

(2) 动作要点：肩关节充分外展，肘关节领先，全身协调用力。引球、蹬地、转肩、挥臂、屈腕的动作要连贯，如图 6－1－10 所示。

图 6－1－10

5. 双手接球

(1) 动作要领：眼视来球，两臂迎球伸出，双手自然分开，拇指呈八字形相对，其余手指向前上方发力伸出，呈半圆形，手指触球时，迅速将球握住，两臂顺势屈肘后引缓冲来球力量，双手持球于胸腹之间，成基本持球姿势，如图 6－1－11 所示。

(2) 动作要点：伸臂迎接，在手接触球时，收臂后引领缓冲。

图 6－1－11

6. 单手接球

(1) 动作要领：单手接球动作方法与双手基本相同，虽然接球范围大，但不如双手稳。球感好的队员，手指自然分开伸臂迎球，腕、指放松，当手指触球时顺势后引，动作要快，迅速收臂，另一手迅速扶球。

(2) 动作要点：引领球动作要稳定，另一只手保护球要迅速。

7. 练习方法

适应于以上几种传接球技术的练习方法如下。

1) 原地五角形传接球练习

五人站成五角形，队员①传球给队员③，队员③传球给队员⑤，队员⑤传球给队员②，队员②传球给队员④，队员④传球给队员①，如此反复，如图 6－1－12 所示。

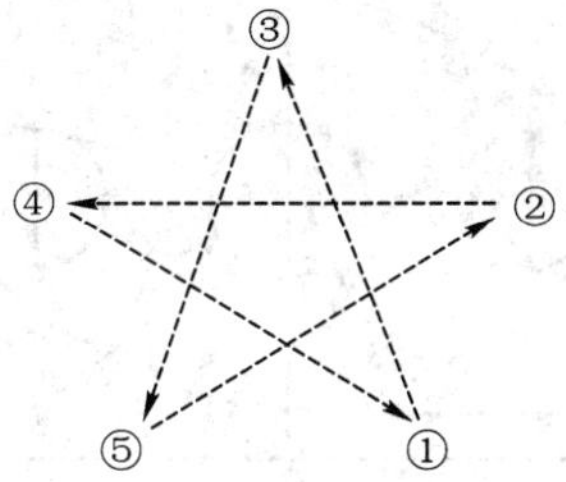

图 6－1－12

2）迎面跑动传接球练习

六人分成两组，相距 8 米成纵队相对站立，用一球做迎面跑动中传接球，如图 6－1－13 所示。

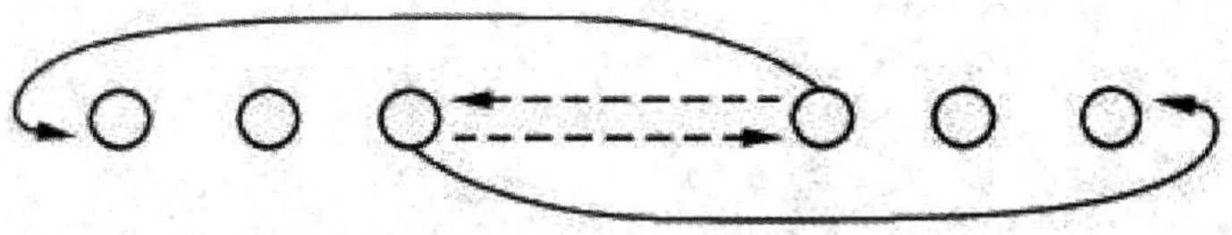

图 6－1－13

3）三角形传接球练习

三人保持三角形，进行传接球的练习，如图 6－1－14 所示。中间加上两个防守者，传球者可运用双手胸前传球、击地传球、单手肩上传球等方法，这样就练习了接近比赛情况下所需要的传接球技术。若被防守队员接触球即算失误，谁失误就去做防守队员。

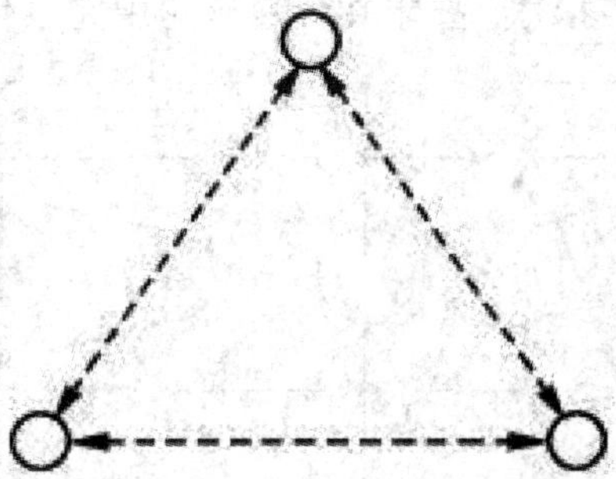

图 6－1－14

8. 行进间传接球

（1）动作要领：主要是传接球动作和脚步配合要协调、连贯，一般是跨出第一步接球，最迟在第三步落地前传出球；根据接球人的速度，将球传至同伴身前一步左右的距离和胸部位置。

（2）练习方法：

① 如图 6－1－15 所示，将学生分为人数相等的两队，跑动中两队排头做对角线传球，练习单手肩上传球和跑动中击地反弹传球，传球距离逐渐增加至 10 米左右。

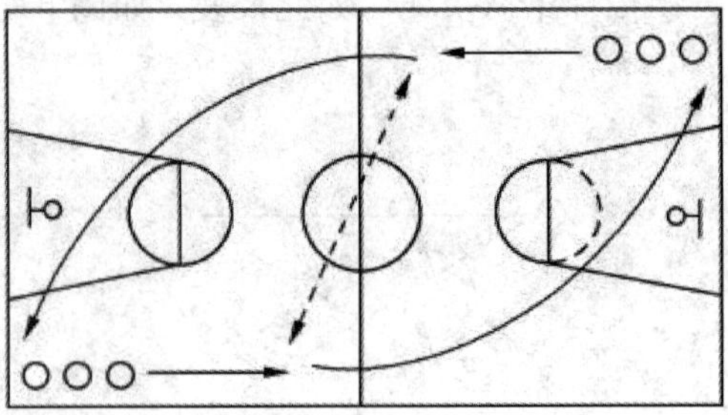

图 6－1－15

② 如图 6－1－16 所示，将学生分为四路纵队呈方形，距离 7 米～8 米。开始用一个球练习，可按顺时针或逆时针方向进行。传给跑动队学生接球，邻侧队学生即起动准备接球，按此顺序练习。熟练后，同时用两个球进行，由对角的两队传球开始。

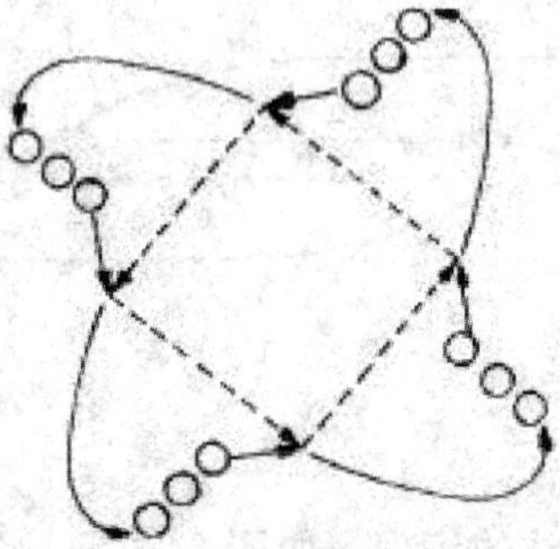

图 6－1－16

③ 如图 6－1－17 所示，全场跑动传接球练习。两人一组在同一端线的两侧站好，相距 4 米～5 米，两人曲线跑动中传接球。要求在快速奔跑中完成传接球。

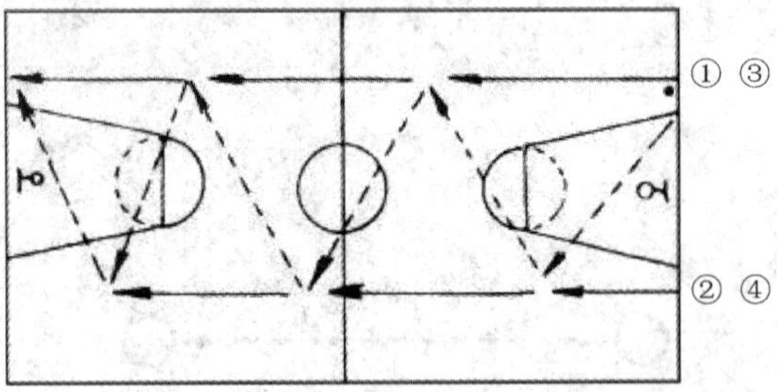

图 6－1－17

三、运球

1. 原地运球

（1）动作要领：

① 身体姿势：两脚前后开立，侧身，上体稍前倾，两膝微屈，抬头，眼睛平视，非运球手背肘屈平抬，肩向前，护球。

② 手臂动作：五指张开，最大程度扩大运球面积，手掌边缘触球，掌心不触球，向内

四，以肘关节为轴，用前臂和手指的力量控制球。

③ 球的落点应在体侧，与双脚尽量保持三角形关系，要在身体的保护区内控制球。

（2）动作要点：重心降低，上体前倾，手按拍球短促有力，手脚和身体协调配合，如图6－1－18所示。

图6－1－18

2. 行进间运球

（1）动作要领：在跑动过程中，两膝微屈，运球手臂自然弯曲，以肘关节为轴，随球上下摆动，上体稍前倾，目视前方，手按拍球的后上方，使球控于身体侧前方。

（2）动作要点：重心降低，上体前倾，手按拍球时要短促有力。

3. 变向运球

（1）动作要领：当对方堵截运球路线时，突然向左或向右改变运球方向。佯攻右侧，突然向左侧变向，右手按拍球的右侧上方，同时右脚向左前方跨出，用肩挡住对手，接着迅速换左手按拍球的后上方，运球加速前进，换手时运球要低，用身体保护好球。

（2）动作要点：身体重心转移快，按拍球部位正确熟练。

4. 运球急停急起

（1）动作要领：急停时，利用跨步急停动作，用手按拍球的前上方，然后短促有力地按拍球上方，变成暂时性原地运球。急起时，身体重心迅速前移后脚用力蹬地跨出，同时手按拍球的后上方，推球前进。

（2）动作要点：重心转移变化快，制动稳定，脚蹬地有力，按拍球位置准确。

四、投篮

1. 原地双手胸前投篮

（1）动作要领：双手持球于胸前，肘关节自然下垂，两脚前后或左右开立，两膝微屈，重心落在两脚之间，目视瞄准点。两脚蹬地发力，两臂向前上方伸出，同时两手腕内旋，使球经过拇指、食指、中指端投出，球出手后两手心自然向下外翻，脚跟提起，身体随球方向自然伸展。

（2）动作要点：自然屈肘，前臂内旋，手指拨球，上下肢和左右手协调一致。

2. 原地单手肩上投篮

（1）动作要领：右手五指自然分开，手心空出，用指根以上部位持球。大、小拇指控制球体，左手扶球左侧，右臂屈肘，肘关节自然下垂，使球位于右肩前上方，两脚左右或前后开立，两膝微屈，重心落在两脚上。投篮时，下肢蹬地发力，通过躯干向上用力传递，右臂向前上方伸直，手腕前屈，食、中指用力拨球，指端出球，身体随投篮动作向上伸展，脚跟微提起。

（2）动作要点：上下肢协调用力，伸臂充分，手腕前屈，手指柔和拨球，使球后旋，如图 6－1－19 所示。

图 6－1－19

3. 行进间单手高低手投篮

1）高手

（1）动作要领：右脚向前跨出一大步的同时接球，左脚迅速蹬地起跳，右腿屈膝上抬，双手举球于右肩前上方。腾空后，上体稍后仰，当身体跳到最高点时，右臂向前上方伸展，手腕前屈，食、中指用力拨球，指端出球，如图 6－1－20 所示。

（2）动作要点：蹬地起跳要充分，举球伸臂，屈腕拨指动作连贯，起跳后下肢自然放松。

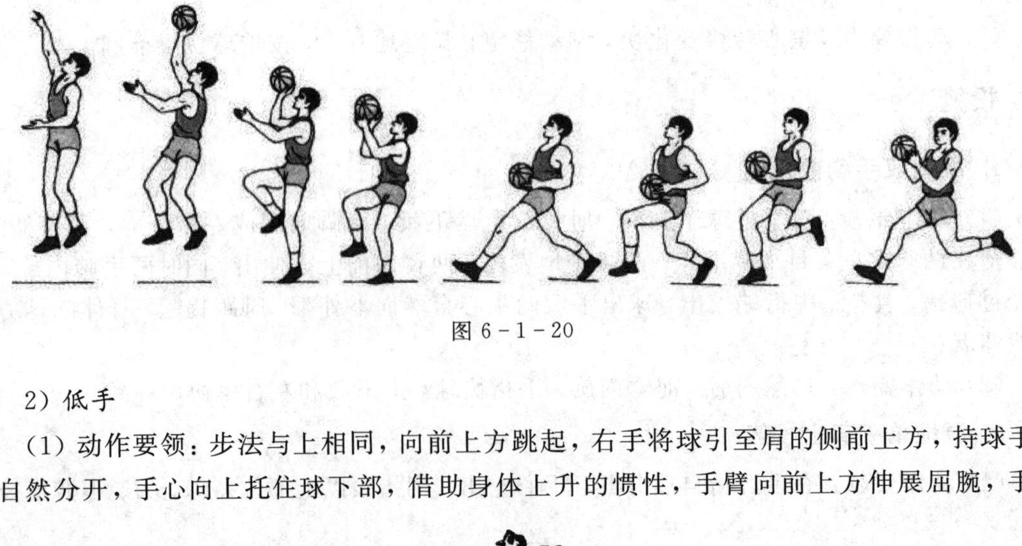

图 6－1－20

2）低手

（1）动作要领：步法与上相同，向前上方跳起，右手将球引至肩的侧前上方，持球手五指自然分开，手心向上托住球下部，借助身体上升的惯性，手臂向前上方伸展屈腕，手指端柔和用力，做蹬地的动作将球投出。

（2）动作要点：充分向前上方起跳，单手托球稳定，指腕上挑动作柔和，球前旋，如图6－1－21所示。

图6－1－21

4. 接球急停跳起投篮

（1）动作要领：在移动中跨步或跳步接球急停，同时两膝微屈重心下降，快速蹬地起跳，同时举球至肩上，身体腾空接近最高点时做单手肩上投篮，如图6－1－22所示。

图6－1－22

（2）动作要点：接球急停与起跳衔接好，克服向前冲力，蹬地起跳快速有力，向上举球时身体平稳。

5. 练习方法

（1）队员分为两组，相对站立距离为4米～5米，原地做双、单手投篮动作练习。体会投篮时的手法和身体协调配合。如练习跳投，先做徒手起跳动作。

（2）原地站立投篮练习，如图6－1－23所示。学生分两组排成两路纵队，排头一人各持一球，投篮后抢篮板球，各自传给本队第二人，依次轮流进行。要求：手法正确，提高命中率。

（3）移动上步接球后做原地或跳起投篮练习，如图6－1－24所示。开始时①自己投篮后抢篮板球传②，②传③。要求③移动上步接球后，马上投篮，投篮后立即前去抢篮板球，再传给跑到②原来位置上的①，②则移动到③原来位置上，依次循环。

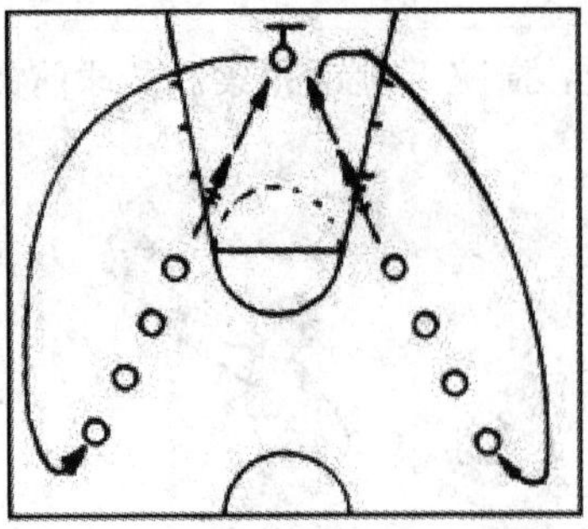

图 6－1－23

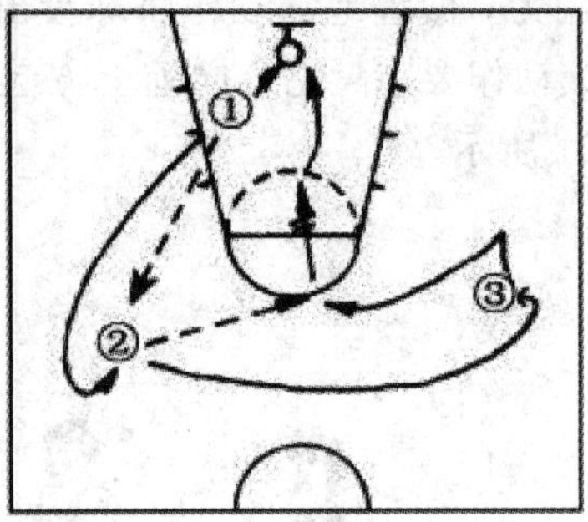

图 6－1－24

（4）练习快速弧线运球上篮，如图 6－1－25 所示。将学生分为两队两侧端线站好，排头队员运球走弧线，即 8 字。改变方向时，要求左右手交换运球，不减慢速度，快速运球上篮，可用单手肩上投篮，也可用单手低手投篮，投篮后学生将球传给端线处学生后站到对面队伍，依次进行。

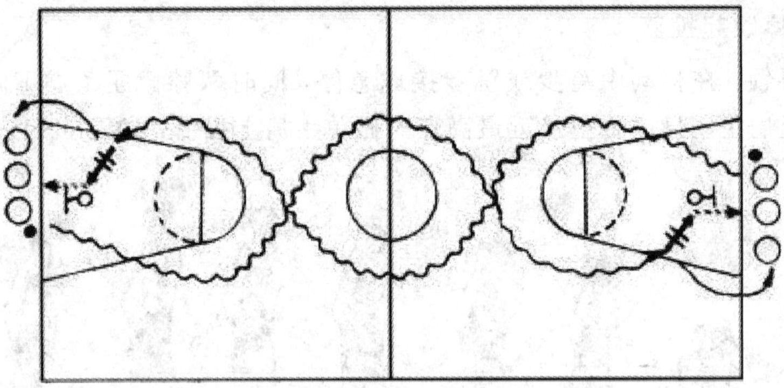

图 6－1－25

（5）综合练习行进间运球、传接球、投篮，如图 6－1－26 所示。将学生分为两路纵队排于两侧端线处，每队第一人先做行进间运球，将球传给老师或组长，继续前跑接回传球，然后运球上篮。自投自抢篮板球，将球传给另一队的第二个人，自己跑至排尾，依次进行。

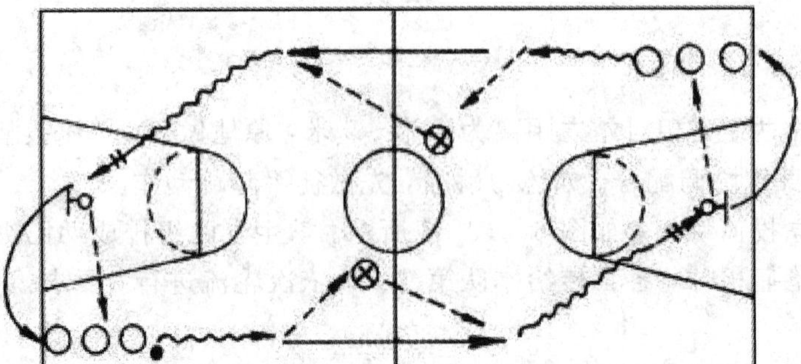

图 6－1－26

五、抢篮板球

1. 防守者抢篮板球

首先，要明确落点分布的规律。篮板球反弹的方向与投篮的距离、角度、弧度、力量、落点等都有密切关系，一般来说，投篮的距离与反弹的距离成正比。抢防守篮板球是由后转身挡人、判断方向及起跳争抢、得球后抗干扰等几个主要方面组成的。后转身挡人、判断方向及起跳争抢是能否抢得篮板球的关键，而起跳的速度、腾空的高度又是抢篮板球的保证。因此必须掌握两脚都能做中枢脚转身挡人的技术，养成抬头观察的良好习惯。其次，要重点培养快速起跳的能力，掌握左右脚都能垫步起跳的技术，确保跳得快，跳得高，跳得早，抢先获得有利的空间位置，扩展争抢空间。得球后抗干扰能力是不可忽视的一个重要因素，得球后应迅速收腹含胸，快速将球直线引置胸腹之间，置于防守队员的远侧，用肩、上体护球，抬头观察，最好能及时避开防守。

2. 进攻者抢篮板球

当同伴或自己已经投篮时，处在近篮区的进攻队员首先应判断球的反弹方向，然后抢占有利位置，借助跨步或者助跑起跳，在制高点抢篮板球。

第二节　篮球基本战术

基本战术就是战术基础配合，是两三个人之间组成的简单配合，包括进攻与防守两个部分，它是组成全队战术的基础。比赛中战术变化多端，但都离不开这些战术基础配合。

一、进攻战术

1. 传切配合

传切配合是半场做 2～3 人利用传球和切入所形成的简单战术。可根据以下的介绍进行分组练习。

1）一传一切

持球队员传球后向篮下切入，接回传球投篮，如图 6-2-1 所示。

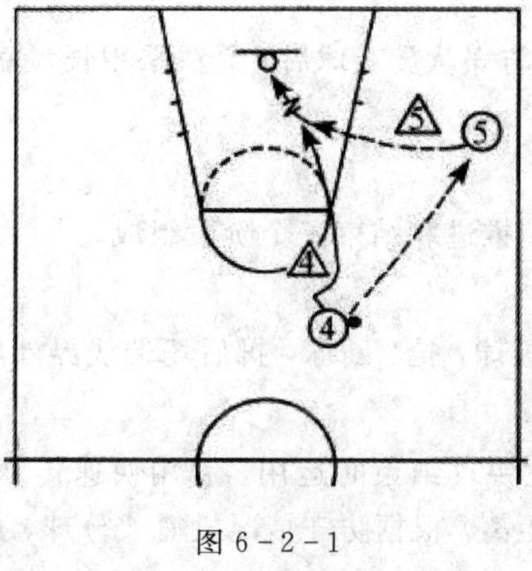

图 6-2-1

2）空切

无球队员掌握时机，摆脱对手，切向防守空隙区域，接球投篮或做其他进攻动作。

3）突破分球

当持球队员运球突破上篮受阻时，立即将球传给同伴。

2. 掩护配合

掩护配合是采用合理的行动用自己的身体挡住对方防守的一种配合方法。掩护配合有前掩护、侧掩护和后掩护三种形式。以侧掩护为例，⑤传球给④后跑到△的侧后方做掩护，④利用这一机会，持球突破上篮，如图 6－2－2 所示。

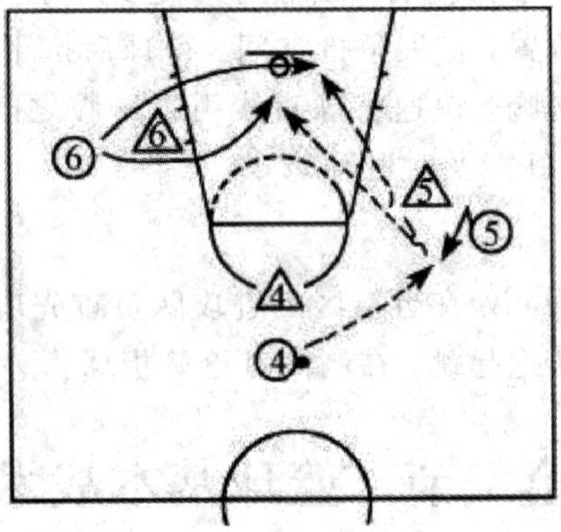

图 6－2－2

3. 快攻

快攻是指在比赛中转守为攻时，以最快的速度创造人数上、区域上的优势，在对方没有部署好防守前结束进攻。

1）组织形式

快攻的组织形式有长传快攻、短传快攻和结合运球突破快攻三种。

(1) 长传快攻：防守队员在后场获球后，用一两次传接球给迅速摆脱对手而快到对方篮下的同伴的一种方法。

(2) 短传快攻：队员防守获球后，立即以短促的传接球和快速的奔跑迫近对方篮下进行攻击的一种进攻配合。

(3) 结合运球突破快攻：防守队员获球后，无法采用长、短传球推进时，应立即快速突破，再寻找配合机会。

2）组织结构

快攻的组织结构由发动、推进和结束三个阶段组成。

3）时机

发动快攻的时机有抢篮板球，抢、断球，掷后场端线界外球和跳球等。

4）二攻一与一防二

(1) 二攻一：二攻一多在快攻结束时运用，利用快速传球、运球，形成以多打少的局面；两个队员要保持适当的距离，根据防守情况投篮或分球，如图 6－2－3 所示。

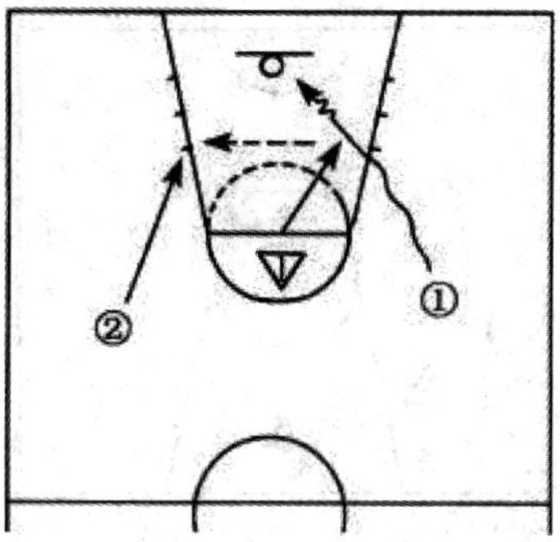

图 6－2－3

（2）一防二：当对方发动快攻，在后场出现以少防多的局面时，防守者应及时选择有利位置，根据“防强放弱，防有球，放无球”的原则进行防守，如图 6－2－4 所示。

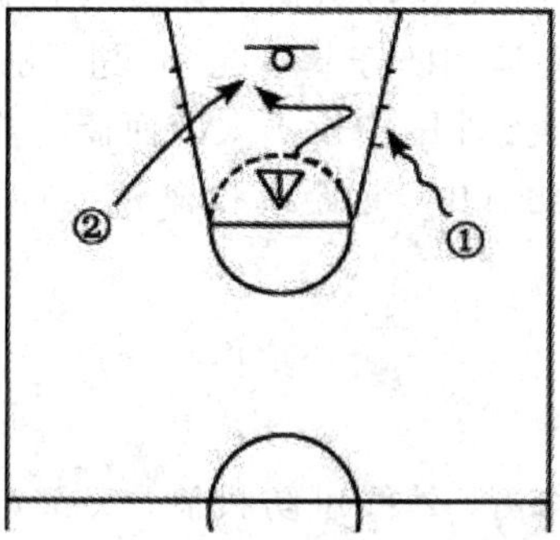

图 6－2－4

二、防守战术

1. “关门”配合

“关门”配合是防守战术基础配合方法之一。“关门”是临近的两个防守队员协同防守突破队员的配合方法，如图 6－2－5 所示。

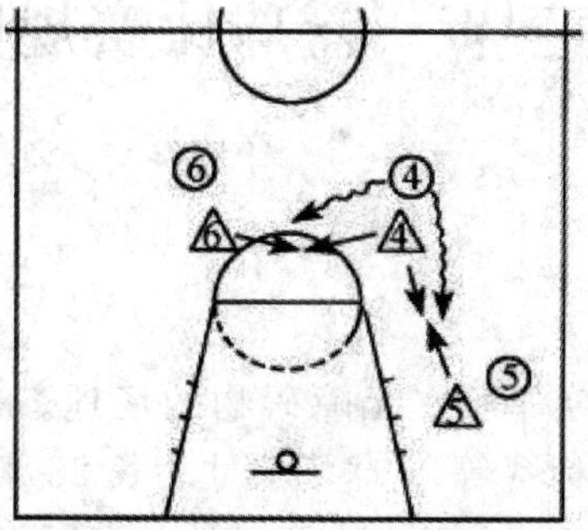

图 6－2－5

2. 挤过配合

挤过配合是防守战术基础配合的一种方法，如图 6－2－6 所示。

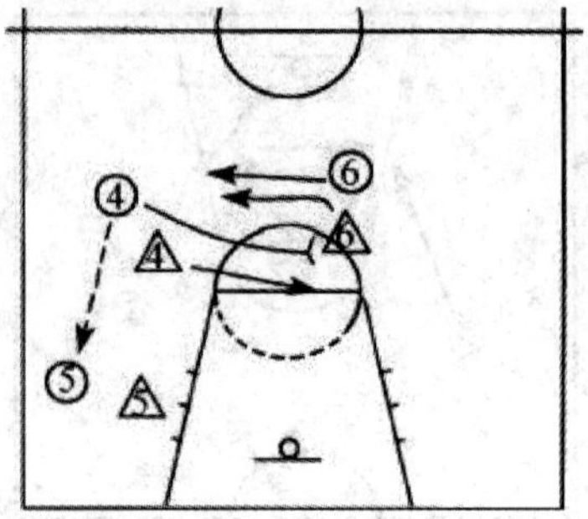

图 6-2-6

3. 半场人盯人防守

半场人盯人防守是指全队退至后场盯住自己的对手，常见的有半场缩小(松动)人盯人防守和半场扩大(紧逼)人盯人防守。半场人盯人防守应遵循“以人为主，人球兼顾”和“有球则紧，无球则松”的原则。合理运用防守基本配合，进行强有力的抢、堵、封、断，控制和破坏对手的进攻配合行动。当对方外围中投不太准而篮下攻击力量较强时，采用半场缩小人盯人防守；当对方外围攻击力强(中、远距离投篮较准)而内线攻击力较弱时，则采用半场扩大人盯人防守。

4. 半场区域联防

1)“二一二”阵形

队员在防区内的分布比较均衡，外线可防投篮、突破，内线可防中锋进攻，有利于队形的及时调整。

2)“三二”阵形

如对方远距离投篮较准，为了控制外围进攻，防范对方中、远距离投篮，可采取此阵式。

3)“二三”阵形

如对方在底线两角投篮较准，且突破并具威胁时，为了加强底线防区，可采取此阵式。

第三节　篮球比赛规则

一、比赛场地与设备

1. 球场

篮球场是一块长方形的坚实平面、无障碍物的场地。对于国际篮联举办的正式比赛(奥林匹克运动会、世界篮球锦标赛等)，球场尺寸为长 28 米，宽 15 米，球场的丈量从界线内沿量起。对于其他比赛也可使用比正式比赛场地长度减少 4 米、宽度减少 2 米的现有球场，只要其变动互相成比例。

2. 设备

对于奥林匹克比赛和其他世界性的比赛，篮板的尺寸应横宽 1.80 米，竖高 1.05 米，篮板下沿距地面 2.90 米。它的中心垂直落在场上，距离端线内沿 1.20 米，篮圈水平面距地面 3.05 米。篮球的圆周长不得小于 0.749 米，不得大于 0.78 米，重量在 567 克～650 克。

二、比赛、暂停、替换

1. 比赛

每场篮球比赛由两个队参加，每队出场 5 名队员。比赛分为四节，每节 10 分钟。每节之间和每决胜期之前休息 2 分钟。两半时之间休息 15 分钟。如第四节结束时比分相等，则打若干个决胜期直至决出胜负。

比赛中，除在 3 分投篮区投球中篮得 3 分外，在其他位置投篮得 2 分，罚球中篮得 1 分。在比赛时间内，得分多的队为胜。

2. 暂停

第一、二、三节每节准予一次暂停，第四节准予二次暂停。每一决胜期准予一次暂停。

3. 换人

每当死球且停表时，球队即可换人。如果是甲队发生违例则甲队不能换人，而如果此时乙队先换人，也可以准予甲队换人。换人的次数没有限制。

三、违例及罚则

违例是指队员违犯了比赛中关于时间或技术等方面的规则之行为。

1. 三秒

场上控制活球的队的队员在对方限制区内停留了超过 3 秒(划定限制区的 5 厘米宽的线是限制区的一部分)。

2. 五秒

(1) 罚球时，每次罚球均不得超过 5 秒。

(2) 掷界外球时，不得超过 5 秒。

(3) 在场上，持球队员一旦被对方严密防守并停步时开始计算，他须在 5 秒内使球出手，否则为违例。

3. 八秒

每当一名队员在他们的后场控制活球时，他的队必须在 8 秒内使球进入他们的前场，否则为违例。

4. 二十四秒

每当一名队员在场上控制活球，他的队需在 24 秒内投篮，否则为违例。

5. 球回后场

当某队在前场控制球时，不能使球回后场，否则为违例。只要该队使球触及后场的地面及有部分身体触及后场的队员或裁判员即算该队回后场违例。

6. 带球走

篮球技术的特殊点之一是队员一旦持球就必须确立中枢脚，中枢脚离地后再次落地前，球必须离开队员的手，否则为“带球走”。

7. 两次运球

队员在一次运球结束后不得再次运球。

8. 罚球时的违例

罚球时，罚球队员除了需遵守5秒规则外，脚不得触及限制区(罚球线是限制区的一部分)和投出的球必须触及篮圈以及不得做假动作。罚球时可共有包括罚球队员在内的双方各三名队员在位置区站位。其余五人的站位方法是如甲队罚球，则乙队的两名队员站在两侧靠篮下的两个位置，然后是甲队两名队员，再就是乙队的第三个队员可站在任一侧。非罚球队员的违例包括罚球队员的球还没离手就进入限制区、干扰罚球队员投篮等。罚则是若罚球队员违例则该次罚球投中不算；如是仅有的一次或最后的一次罚球违例后，由对方在罚球线延长线的边线外掷界外球。若非罚球队员违例，如甲队罚球，仅有一次或最后一次罚球投中与否分别按如下处理：球投中得分有效，双方的违例均不究；若不中，如乙队违例此球重罚；如甲队违例，由乙队在罚球线延长线的边线外掷界外球；如果双方同时违例则在该罚球圈跳球重新比赛。

以上是比赛中常见的违例，罚则都是失去球权，由对方在就近的界线外掷界外球。

四、犯规及罚则

犯规包括有身体接触的侵人犯规和没有身体接触的技术犯规两大类。

1. 侵人犯规

比赛中常见的侵人犯规有“拉人”“推人”“撞人”“阻挡”“背后非法防守”“非法用手”“非法掩护”等。罚则是：上述犯规中凡是对做投篮动作的队员犯规均判罚球；如对没做投篮动作的队员犯规，则由非犯规队在就近的地点掷界外球；如果在那一节中该队已达四次犯规并且是非控制球的队，则判给二次罚球。

2. 违反体育道德的犯规

当裁判员判断某队员不是在规则的精神和意图范围内合法地去抢球而发生的侵人犯规，则判为“违反体育道德的犯规”。罚则视其犯规对象是否在投篮和投中与否分别按如下处理：如其没做投篮动作，判给二次罚球和一次中场掷界外球权；如正做投篮动作且投中，判2或3分有效再加罚一次；如未中，视其投篮地点判给二次或三次罚球。上述罚球无论投中与否都获得一次中场掷界外球权，此界外球可传入前场或后场。罚球时非罚球队员也不必站位。

3. 取消比赛资格的犯规

恶劣的违反体育道德的犯规应取消其比赛资格。无论是队员、替补队员，还是教练员、随队人员，裁判员均有权判罚。罚则是除取消该犯规人员的比赛资格，令其离开比赛场地外，其他与“违反体育道德的犯规”相同。

4. 双方犯规

双方犯规是两个队的两名队员同时的相互间的犯规。罚则是不判给罚球，按如下处理：如犯规同时一方投篮有效并命中，则得分有效，由另一方在端线掷界外球；如是某队已控制球或拥有球权，则判该队在就近处掷界外球；如双方都没控制球和不拥有球权，则在就近的圆圈跳球开始比赛。

5. 队员技术犯规

当一名队员不顾裁判员的警告或与裁判员、记录台人员、技术代表、对方队员交涉时没有礼貌；使用冒犯或煽动观众的言行；戏弄对方；阻碍掷界外球的迅速进行等，将被判技术犯规。罚则是一次罚球和中场处掷界外球。

五、决胜期

第四节终了得分相等时，应延长5分钟作为决胜期继续比赛。必要时可延长几个这样的5分钟，直到分出胜负为止。每次决胜期开始时，应在中圈跳球继续比赛。

第七章　排　　球

排球运动起源于美国。1895年，由美国马萨诸塞州(旧称麻省)霍利约克市，一位叫威廉斯·盖·摩尔根的体育工作人员发明。当时，网球、篮球很盛行。摩尔根先生认为篮球运动太激烈，而网球运动量又太小，他想寻求一种运动量适中，又富于趣味性，男女老少都能参加的室内娱乐性项目，就想把当时已广为流行的网球搬到室内，在篮球场上用手来打。于1896年斯普林菲尔德市(Springfield)斯普林菲尔德青年会干事培养学院召开青年会体育干事会时，该校学生以示范表演的形式与观众正式公开见面，博得了观众的喜爱和赞赏。同年，在马萨诸塞州的斯普林菲尔德市举行了第一次排球公开赛。当时比赛采用五人对五人的形式。从那以后这个新的运动项目在各学校迅速开展并普及开来。与此同时，也引起了美国军队的兴趣，并把排球列入军事体育项目，广泛在军队中开展，在空军中一度达到狂热的程度。

排球运动自1895年创始以来，迄今已有一百多年的历史。排球从开始仅仅是少数人的一种游戏、娱乐的手段，发展到今天已成为遍及世界五大洲，为广大群众所喜闻乐见的体育运动项目之一，还发展和产生了形式多样的娱乐性排球活动，包括妈妈排球、小排球、墙排球、坐式排球、软式排球、气排球、公园排球、沙滩排球等。

第一节　排球基本技术

一、准备姿势和移动

准备姿势与移动是排球基本技术之一，属于无球技术，是完成发球、垫球、传球、扣球和拦网等各项有球技术的前提和基础，并对各项有球技术的运用起串联和纽带作用。

1. 准备姿势

为了便于完成各种技术动作而采取合理的身体姿势称为准备姿势。按照身体重心的高低，准备姿势可分为半蹲准备姿势、稍蹲准备姿势和低蹲准备姿势三种。

1）半蹲准备姿势

两脚左右开立稍比肩宽，一脚稍前，两脚尖稍内收，脚跟稍提起。膝关节保持一定的弯曲，膝关节的投影在脚尖前面，上体前倾，重心靠前。两臂放松自然弯曲，双手置于腹前。全身肌肉放松，两眼注视来球，两腿始终保持微动，如图7－1－1所示。

图7－1－1

2）稍蹲准备姿势

稍蹲准备姿势比半蹲准备姿势重心稍高，动作方法相同，一般用于扣球助跑前或对方正在组织进攻时，需快速起动的场合。

3）低蹲准备姿势

低蹲准备姿势比半蹲准备姿势的身体重心更低，更靠前，两脚左右，前后的距离更宽一些，膝部弯曲程度更大一些。肩部投影过膝，膝部投影过脚尖，手置于胸腹之间。低蹲姿势主要用于防守和接拦回球等。

2. 移动

从起动到制动的位移动作称为移动。移动的目的主要是及时接近球，保持好人与球的位置关系，以便击球。移动的完整过程包括起动、移动、制动三个环节。

1）起动

起动是指从静止到移动发力的动作过程。以向前移动为例，在准备姿势的基础上，迅速抬起前腿，收腹使上体向前探出，同时后腿迅速用力蹬地，使整个身体急速向前起动。起动的快慢是移动的关键，起动的速度取决于反应能力和腰腿部的速度力量。

2）移动

移动分为滑步移动、跑步移动、跨步移动、交叉步移动 4 种。

(1) 滑步移动：当来球距身体一步左右时可采用并步移动，如向前移动时，则后腿蹬地，前脚向来球方向跨出一步，后腿迅速跟上做好击球准备。当球在体侧稍远，并步不能直接近球时，可快速连续并步，连续的并步即滑步。

(2) 跑步移动：球离身体较远时需用跑步，采用跑步移动时，两臂要配合摆动，根据来球的方向，边跑边转身，并逐渐降低重心，保持好击球准备。

(3) 跨步(弓箭步)移动：跨步移动距离近，便于接 1 米～2 米低球。移动时步幅较大，身体重心较低，如向前移动，则后脚用力蹬地，前脚向前跨出一大步，膝部弯曲，上体前倾，身体重心移至前腿上，可以向前、向斜前或向侧方，如图 7－1－2 所示。

(4) 交叉步移动：以向右交叉步为例，上体稍向右转，左脚从右脚前面向右交叉迈出一步，然后右脚再向右跨出一大步，同时身体转向来球方向，保持击球前的姿势，如图 7－1－3所示。

图 7－1－2

图 7－1－3

3）制动

由快速移动转为突停状态的过程称为制动。制动是移动的结束，也是击球动作的开始。常用的制动方法有一步制动法和两步制动法。

(1) 一步制动法：一步制动时，在移动最后跨出一大步，降低重心，膝部和脚尖适当内转，全脚掌横向蹬地，以抵住身体重心继续移动的惯性力，并以腰腹力量控制上体，使身体重心的垂直线停落在脚的支撑面以内。

（2）两步制动法：即以最后第二步开始做第一次制动，紧接着跨出最后一步做第二次制动。

二、发球

排球发球一般有正面下手发球、侧面下手发球、侧面勾手发飘球、正面上手发球、正面上手发飘球及跳发球方式，业余选手比赛中常用发球方式一般为正面下手发球、正面上手发飘球和勾手发飘球。

1. 正面下手发球

正面下手发球是正面对网，手臂由后下方向前摆动，在腹前将球击入对方场区的一种发球方法。下手发球在高水平比赛中已不多见，但其动作简单，容易掌握，准确性高的特点，使它不仅成为初学者常用的发球方法，也是教练员训练时抛、供球的一种手段。

1）准备姿势

面对球网，两脚前后开立，左脚在前，两膝微屈，上体稍前倾，重心偏后脚，左手持球于腹前，如图 7-1-4 所示。

2）抛球

左手将球轻轻抛起在体前右侧，离手高约 20 厘米。在抛球之前，右臂伸直，以肩为轴向后摆动。

3）击球

借右脚蹬地力量，身体重心随着右手向前摆动击球而移至前脚上，在腹前以全手掌击球的后下方，随着击球动作重心前移，迅速入场，如图 7-1-5 所示。

图 7-1-4

图 7-1-5

2. 正面上手发飘球

发球时身体正面对网站立，上手击球，用力突然，并充分利用转体、收腹、挥臂的力量，使球在不旋转的情况下飞行，产生不规则的飘晃，具有较强的攻击性。正面上手飘球是目前排球比赛中最常用的一种发球方法。

1）准备姿势

准备姿势与正面上手发球相同，但站位离端线距离变化较大，发远距离飘球时，距离端线要远些，发近距离飘球时，要站得距离近些，如图 7－1－6 所示。

2）抛球摆臂

左手将球平稳抛至右肩前上方，稍靠前些，离身体水平距离约半臂左右，抛至相同于击球点的高度。在抛球的同时，右臂屈抬起并后引，肘部略高于肩，两眼注视球，如图 7－1－7所示。

3）挥臂击球

当球上升至最高点时，收腹带动手臂快速挥动，以掌根坚硬平面击球的后中下部，使作用力通过球体重心。击球时，指并拢，掌心向前，手腕紧张并后仰，用力快速、突然、短促，击球后可做突停或下拖动作，不能有推压动作。击球后迅速进场比赛，如图 7－1－8所示。

图 7－1－6

图 7－1－7

图 7－1－8

3. 侧面勾手发飘球

发勾手飘球和发上手飘球一样，发出的球在空中飘晃不定地飞行，具有较大的攻击性。发勾手飘球时身体侧对网站立，用转体和腰部力量带动手臂快速挥动去击球。

1）准备姿势

左肩在前对网侧站，两脚自然分开，左手持球于胸前，注视对方情况，如图 7－1－9 所示。

2）抛球

左手用托送动作，将球平稳地抛在左肩前上方约一臂的高度。抛球过高或过低、偏左或偏右、偏前或偏后，都将影响发球效果。

3）引臂动作

在抛球的同时，两腿弯曲，上体顺势向右倾斜，并稍向右转动，右臂随之向下、向右后方摆动，身体重心移向右腿。

4）挥臂击球

击球时，右脚蹬地，上体向左转动，带动手臂挥动，挥动时手臂伸直，在右肩的左上方用掌根击球的后中下部。在击球前手臂要突然加速发力。手臂的挥动轨迹在击球前的一段过程中保持直线运动，击球点稍靠左，击到球时手臂挥击突停，作用力通过球体重心。击球后迅速入场，如图 7－1－10 所示。

图 7－1－9

图 7－1－10

三、传球

通过手指、手腕的弹力并利用全身协调力量，将球传至一定目标的击球动作称为传球。传球是排球运动的一项重要的基本技术，是组织进攻战术的基础。现代排球比赛中，除正面传球外，背传、侧传、跳传、单手传及各种传快球技术被广泛采用。这里主要介绍正面双手传球技术。

1. 准备姿势

采用稍蹲准备姿势，抬头目视来球，双肘弯曲自然抬起，双手置于脸前，如图 7－1－11所示。

2. 手形

手触球时，两手应自然张开成半球形，使手指与球吻合，手腕稍后仰，拇指相对，小指在前；传球时用拇指内侧、食指全部、中指的二和三指节触球，无名指和小指在球的两侧辅助控制出球方向，两肘适当分开，自然下垂，如图 7－1－12 所示。

图 7－1－11

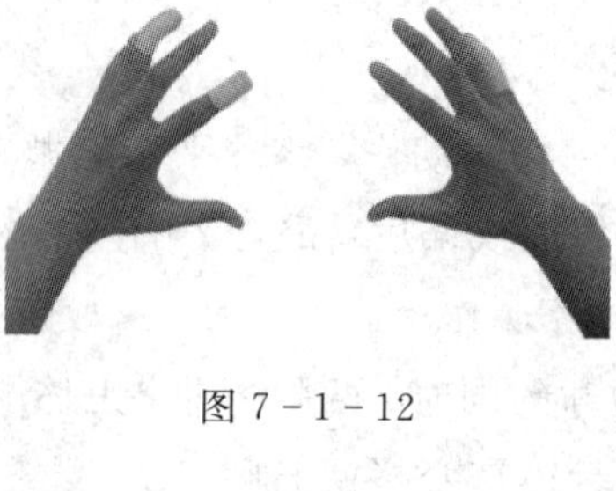

图 7－1－12

3. 迎球

当球接近额前时开始蹬地、伸膝、伸臂，两手微张，从脸前向前上方主动迎击来球，如图 7－1－13 所示。

4. 击球

击球点应保持在额前上方约一球远，击球部位一般在球的后下方，如图 7－1－14 所示。

图 7-1-13

图 7-1-14

5. 用力

传球主要靠伸臂力量与下肢蹬地力量的协调配合，通过球压在手上使手指、手腕产生的反弹力将球传出。击球后身体重心随击球动作前移，全身放松呈准备姿势状态，准备下一个击球动作。

四、垫球

采用半蹲准备姿势，运用各种移动步法快速移动，并在移动时身体重心尽量保持水平，正面对准来球。当球飞行到胸腹前一臂距离时，抬双臂用双手腕关节以上 10 厘米处击球。击球时两手臂伸直夹紧，提肩，前伸至球下，靠全身上下肢的协调用力配合来控制球的力量与落点。

正面双手垫球技术分析如下。

1. 准备姿势

两脚开立稍比肩宽，如图 7-1-15 所示。

2. 击球的手形

垫球手形主要有抱拳互握式、叠掌式、互靠式等，最常用的是叠掌式，如图 7-1-16 所示。

3. 垫球部位

看准来球，两臂夹紧前伸，插到球下，用前臂腕关节以上 10 厘米左右的地方即两臂桡骨内侧形成的平面击球的下部，如图 7-1-17 所示。

7-1-15

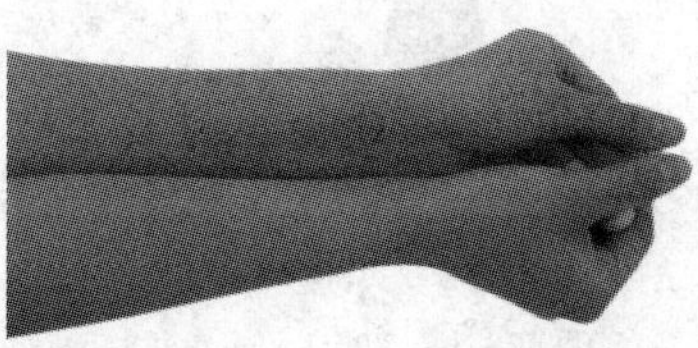

图 7-1-16

图 7-1-17

4. 击球动作

移动取位后，手臂夹紧伸直插到来球下方，向前上方蹬地抬臂，迎击来球，使移、插、夹、蹬、抬、跟连贯完成，灵活控制传球方向和力量。

5. 手臂角度

垫球手臂与地面所形成的夹角对控制球的方向、弧度、落点影响很大。一般来说，来球弧度高，手臂与地面的角度应该小些；来球弧度平，手臂与地面的角度应该大些。

五、扣球

扣球是身体在空中完成的击球动作，每一次扣球需要经过助跑、起跳、空中击球和落地四个相互衔接的过程，要求扣球者必须具有弹跳高度、腰腹力量、手臂挥击速度、手腕控球能力、人球正确关系以及在空中的时空感和滞空力。此外，扣球的效果很大程度上又依赖于二传的密切配合以及扣球的个人技巧和战术运用水平。要想将球扣好，首先应从无球的助跑、踏跳和挥臂动作开始，然后再过渡到有球的助跑、踏跳和挥臂扣球阶段。

1. 助跑前的准备和取位

以扣一般高球为例，扣球助跑前采用稍蹲准备姿势，两臂自然下垂，站在离球网 3 米左右的位置，身体转向来球方向，观察来球，做好向各个方向助跑起跳的准备，如图 7－1－18 所示。

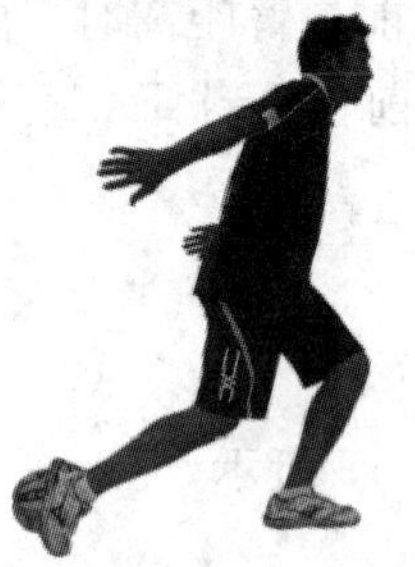

图 7－1－18

2. 助跑和起跳

助跑开始时，左脚先向前迈出一步，紧接着右脚再快速跨出一大步，左脚及时并上，踏在右脚之前制动，两脚尖稍向右转，两臂自后积极向前摆动，随着双脚蹬地向上起跳，两臂配合起跳绕体侧向上引摆，如图 7－1－19 所示。

图 7－1－19

3. 空中击球

起跳后，挺胸展腹，上体稍向右转，右臂向后上方抬起，身体成反弓形。挥臂时，以迅速转体、收腹动作发力，依次带动肩、肘、腕各部位关节向前上方以鞭甩动作挥动。击球时，五指微张，以掌心为主，全掌包满球，在手臂伸直的最高点前上方击球的后中部，同时主动用力屈腕、屈指向前推压，使扣出的球呈上旋，如图 7－1－20 所示。

图 7－1－20

4. 落地

以两脚前脚掌先着地再迅速过渡到全脚掌着地，同时顺势屈膝、收腹，以缓冲下落的力量，立即做好下一个动作的准备。

六、拦网

靠近球网的队员，将手伸向高于球网处阻挡对方的来球，并触及球，称为拦网。它既是防守技术，也是进攻手段，其动作结构分为准备姿势、移动、起跳、空中动作和落地五个互相衔接的部分。

1. 准备姿势

队员面对球网，两脚平行开立约与肩宽，距网 30 厘米～40 厘米。两膝微屈，两臂屈肘于胸前，如图 7－1－21 所示。

图 7－1－21

2. 移动

可采用并步、跨步、滑步、交叉步、跑步等，将身体重心移动到拦网位置，准备起跳。

3. 起跳

移动后立即制动，使身体正对球网后起跳，或在起跳过程中在空中使身体转向球网。起跳时，膝关节弯曲，两脚用力蹬地，两臂在体侧划小弧用力上摆，带动身体向上垂直起跳。

4. 空中击球

起跳后稍收腹，控制平衡。两手从额前贴近并向网上沿前上方伸出，两臂伸直，两肩尽量上提。拦击时，两手尽量伸向对方上空，接近球时两手自然张开，屈指、屈腕呈勺形。当手触球时，两手要突然拦腕，用力击球，如图 7-1-22 所示。

7-1-22

5. 落地

拦网后，要做含胸动作，以保持身体平衡。手臂要先后摆动或上提，从网上收回至本方上空，再屈肘向下收臂以免触网。同时屈膝缓冲，双脚落地，随即转身面向后场，准备接应来球或做下一个动作的准备。

七、常见错误及纠正方法

1. 准备姿势与移动

准备姿势与移动常见错误及其纠正方法如表 7-1-1 所示。

表 7-1-1　准备姿势与移动常见错误及其纠正方法

	常见错误	纠正方法
准备姿势	臀部后坐	双膝投影超过脚尖
	直腿弯腰	多做低姿势与准备姿势练习
	全脚掌着地	提踵，两脚前后略分开些
移动	身体起伏大，重心过高	多做穿过网下的往返移动
	起动慢	多做各种姿势下的起跑
	制动后不能保持准备姿势	脚和膝内扣，最后一步稍大

2. 发球

发球常见错误及其纠正方法如表 7-1-2 所示。

表 7-1-2 发球常见错误及其纠正方法

	常见错误	纠正方法
正面上手发球	球未抛离手直接击打球	理解领会排球比赛规则
	挥臂击打球时弯小臂	做直臂前挥练习
上手发飘球	抛球不稳	多练习平稳地向上抛球
	挥臂不迅速，不成直线	练习徒手直线挥臂
	球旋转飞行	对墙发球，用掌根击球的重心点
勾手发飘球	抛球不正	练习篮圈下抛球
	挥臂成弧形摆动	徒手挥臂练习或挥臂击固定球
	抛球与挥臂动作不协调	对墙练习抛球与挥臂击球
	击球部位不准	眼睛看准球，多次练习抛击球动作

3. 传球

传球常见错误及其纠正方法如表 7-1-3 所示。

表 7-1-3 传球常见错误及其纠正方法

	常见错误	纠正方法
正面双手传球	击球点过高或过低	传固定球，体会正确击球点；自传或对墙传球练习
	手形不正确	用传球动作接球，体会手形，近距离对墙轻传，体会手指触球
	手指、手腕弹力差，有拍打动作	做手指手腕力量练习，用足球、篮球做传球练习
	用不上全身协调力量	多做徒手练习，体会蹬地和全身用力

4. 垫球

垫球常见错误及其纠正方法如表 7-1-4 所示。

表 7-1-4 垫球常见错误及其纠正方法

	常见错误	纠正方法
正面双手垫球	击球时手臂并不拢，伸不直	多做徒手模仿练习或垫固定球或抛球
	垫球不抬臂，身体向上顶或向前冲	坐在凳子上垫抛球
	击球时上体后仰或送肩	领会垫球时手向下插的要领，击球后接着用手触及地面
	臂部后坐，主要用抬臂力量垫球	臂与胸之间夹一球，然后垫固定球或抛球

5. 扣球

扣球常见错误及其纠正方法如表 7-1-5 所示。

表 7－1－5　扣球常见错误及其纠正方法

	常见错误	纠正方法
正面扣球	助跑起跳前冲，击球找不准	多做助跑起跳制动练习；做限制性练习，如设置障碍物起跳；扣固定球
	上步起动早，起跳早	以口令信号限制起动时间，固定二传高度与弧度练习扣球
	挥臂动作不正确，击球点低	掷垒球、小皮球，徒手挥臂，挥臂击打树叶或固定球
	击球手法不正确，手未包满球，球不旋转	击打固定球，对墙扣球打旋转，低网原地扣，学会手腕推压、鞭打动作

6. 拦网

拦网常见错误及其纠正方法如表 7－1－6 所示。

表 7－1－6　拦网常见错误及其纠正方法

	常见错误	纠正方法
拦网	起跳过早	运用信号刺激提高起跳时机的判断能力
	双手前仆触网	徒手模仿练习，拦固定球
	脚过中线或身体触网	听信号做原地或移动起跳，起跳后在空中做含胸动作
	手离网较远，中间漏球	练习近网起跳，双手尽量伸到对方上空；移动后练习拦中网扣球，中间不漏球
	拦网时闭眼	看清扣球人助跑路线，选准起跳点；盯住扣球人的挥臂动作，伸臂拦变线

第二节　排球基本战术

1. 接发球站位

接发球站位有很多种，其中“一三二”接发球站位（W 式）使用最为广泛。该形式的优点是参加接发球的五名队员站位均衡，每个队员接发球的范围相对较小，前面三名队员接前场区球，后排两名队员接后场区球，职责分明。当二传队员在后排时的六人站位如图 7－2－1～图 7－2－3 所示。

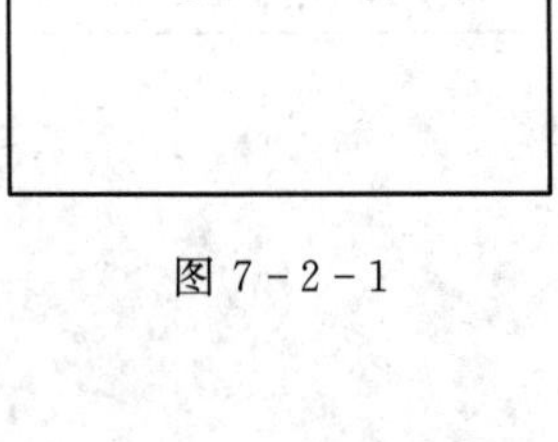

图 7－2－1

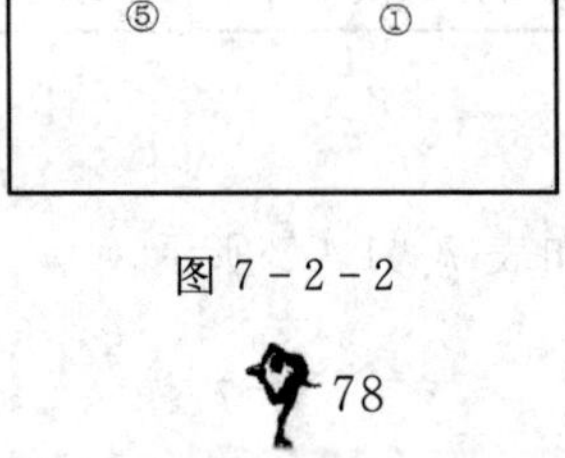

图 7－2－2

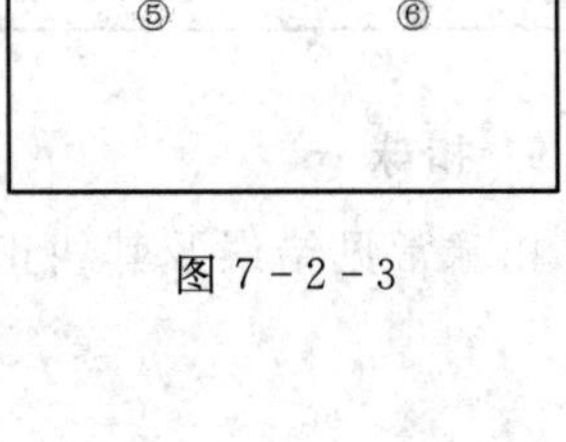

图 7－2－3

当二传选手在前排④号位时，当二传选手在前排②、③号位时，位置由四号位向下顺延，其他球员不变，如图 7－2－4～图 7－2－6 所示。

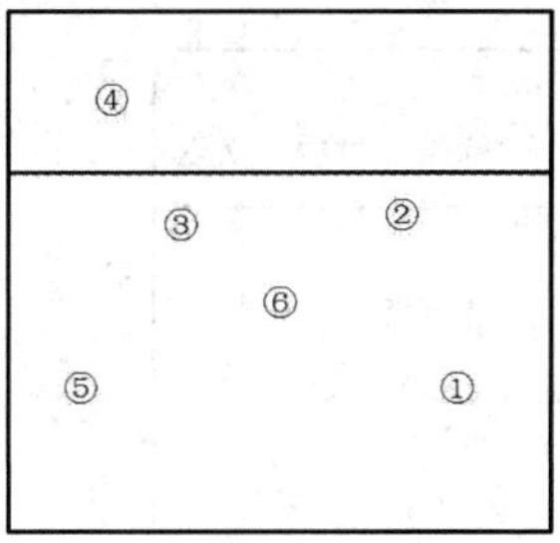

图 7－2－4

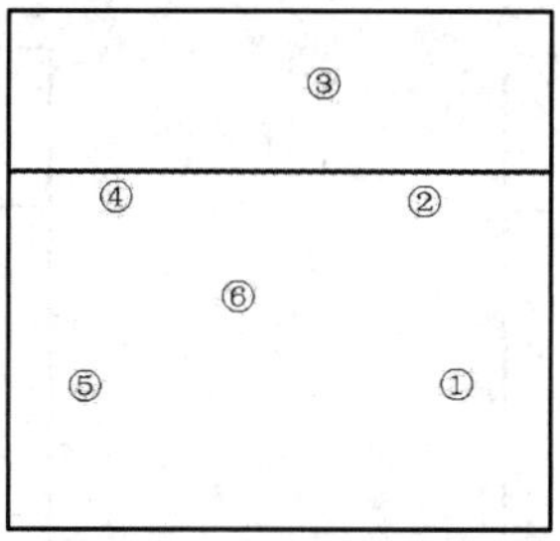

图 7－2－5

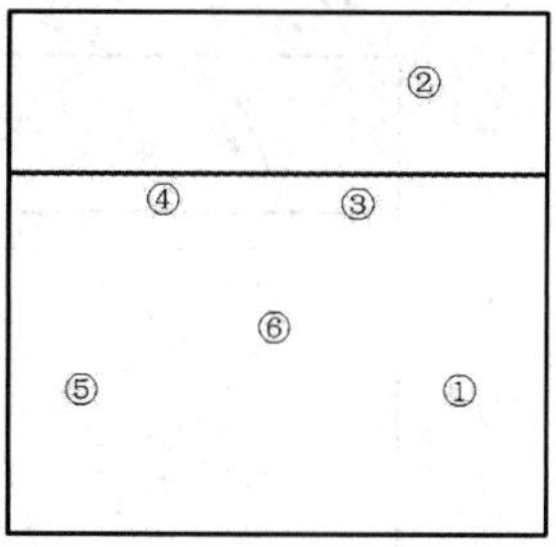

图 7－2－6

接发球时，每一个接发球队员都应该明确接发球防守的范围。划分范围不仅是平面的，还应根据来球的弧度高低进行立体的空间划分。明确了各自接发球的范围，就可避免接发球时互抢、互让和相互干扰的现象发生。

1）接发球的分工

由于发球技术本身的特点，决定了发球的落点较多地集中在中、后场，加之前排队员还担负进攻任务，故后排队员接发球的范围可相对扩大些。另外，还可根据队员接发球的具体情况，发挥队员个人的专长，接发球技术好的队员分工范围可大些，反之可小些。

2）接发球的配合

应互相保护，互相弥补。当一人接发球时，其他队员特别是相邻队员应注意保护，随时准备接应。一旦球蹭手飞出界外、平冲入网时，其他队员都应全力抢救，这样既可减少失误，又可鼓舞士气。

2. "中一二"和"边一二"进攻战术

1）"中一二"进攻形式

由前排中间的③号位队员担任二传，其他 5 名队员将来球垫传给二传队员，再由二传队员将球传给④号位或②号位队员扣球的进攻形式，称为"中一二"进攻形式，如图7－2－7 所示。

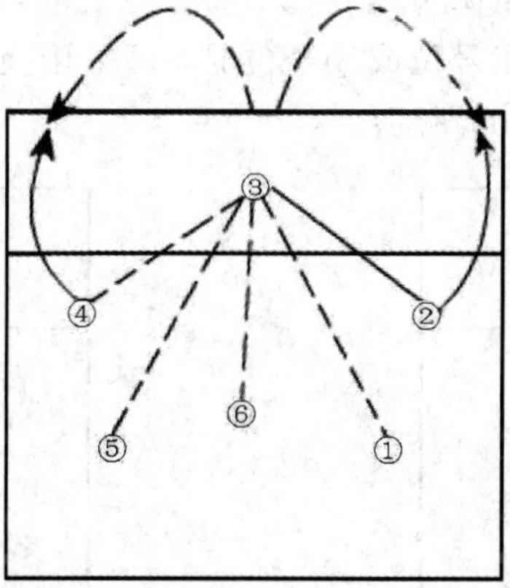

图 7－2－7

在采用"中一二"形式时，当二传队员轮转到④号位或②号位时，应采用换位的方法，把二传队员换到③号位，便于组织进攻，如图 7-2-8 和图 7-2-9 所示。

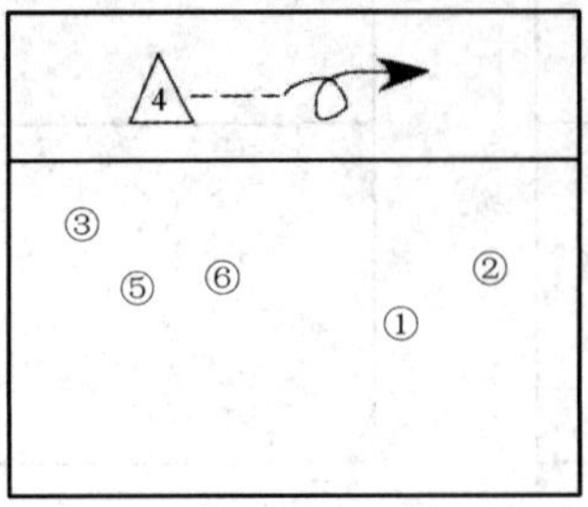

图 7-2-8

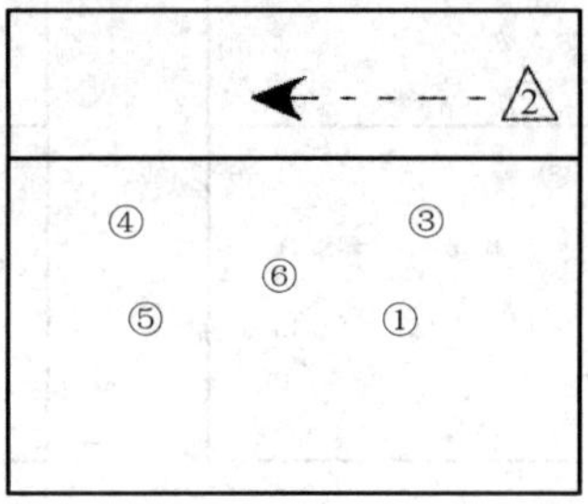

图 7-2-9

这种形式是排球进攻最基本、最简单的形式。其特点是一传的目标明确，二传队员易于接应，加之战术配合简单，便于组织进攻。缺点是战术配合方法较少，进攻点不多，突然性不大，战术意图易被对方识破。

2）"边一二"进攻形式

由前排边上的②号位队员担任二传，将球传给③号位或④号位队员扣球的进攻形式，称为"边一二"进攻形式，如图 7-2-10 所示。

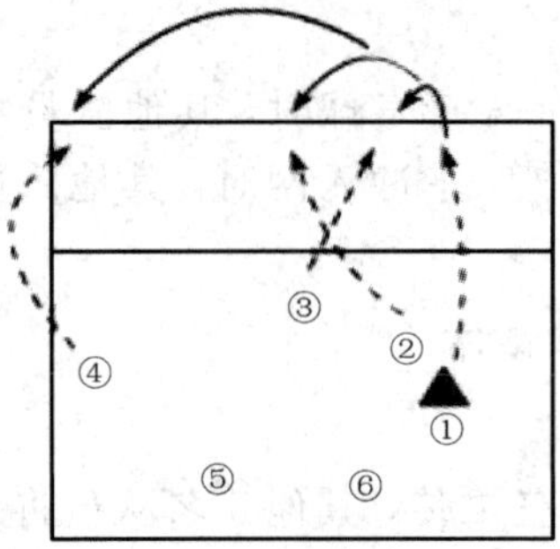

图 7-2-10

采用"边一二"形式时，二传队员应在②、③号位之间，不要紧靠边线站立，以便运用快球战术。当二传队员轮转到④号位或③号位时，可采用换位方法，把二传队员换到②号位，如图 7-2-11 和图 7-2-12 所示。

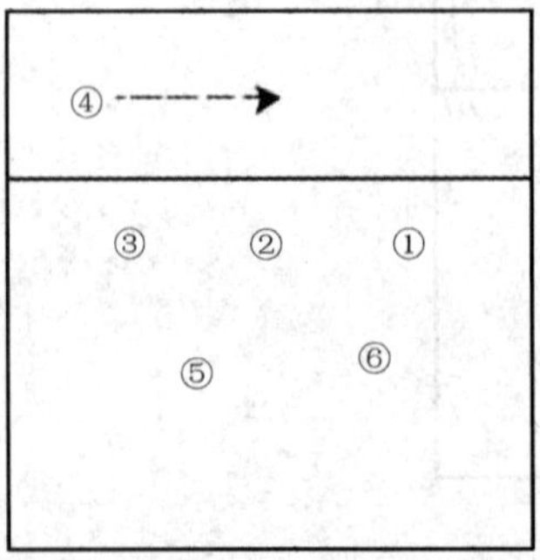

图 7-2-11

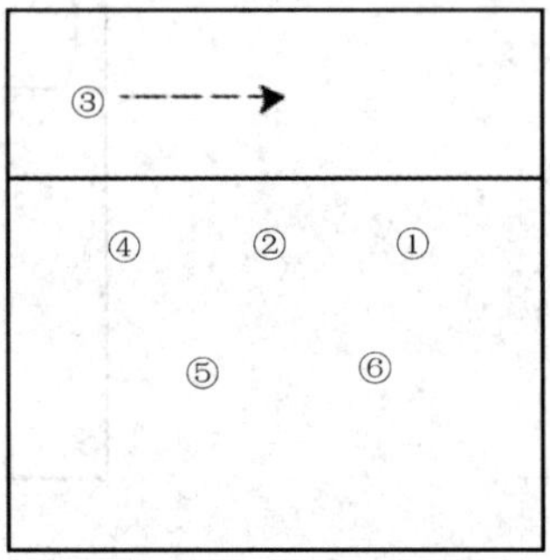

图 7-2-12

这种形式也比较简单，容易掌握。但由于对一传、二传的要求都较高，组织“边一二”进攻形式要比组织“中一二”进攻形式的难度大，其战术配合也较为复杂。“边一二”进攻形式，由于两名进攻队员的位置相邻，便于进行互相掩护的进攻配合，可以组织较多的快变战术。因此，“边一二”进攻形式的突然性和攻击性要比“中一二”进攻形式大。

3）插上

后排队员插到前排做二传，把球传给前排 3 个队员扣球的进攻形式，称为“插上”。一般以①号位插上为多。插上进攻能保持前排 3 点进攻，充分利用球网的全长，有利于突破对方的防线。战术变化多，可以打出交叉、梯次、夹塞、立体进攻、双快一游动等战术进攻，如图 7－2－13 所示。

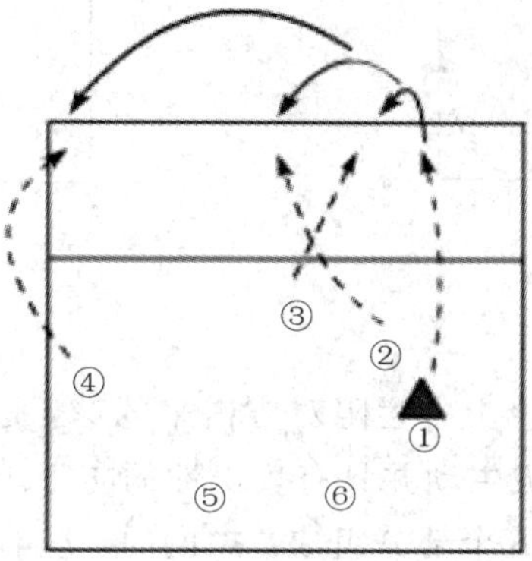

图 7－2－13

4）防守阵形

(1)“边跟进”防守阵形。

双人拦网下的边跟进防守阵形，也称为“马蹄形”和“一五号位”跟进防守阵形。一般在对方进攻力量比较强，战术变化较多，吊球较少时采用。这种防守阵形，前排由两人拦网，不拦网的前排队员和后排三个队员组成半弧形的防守阵形，这种阵形对防守对方大力扣球较为有利。其弱点是球场中间空隙较大，容易形成“心空”，对方如果扣直线结合轻扣或吊球，防守就较为困难，如图 7－2－14 和图 7－2－15 所示。

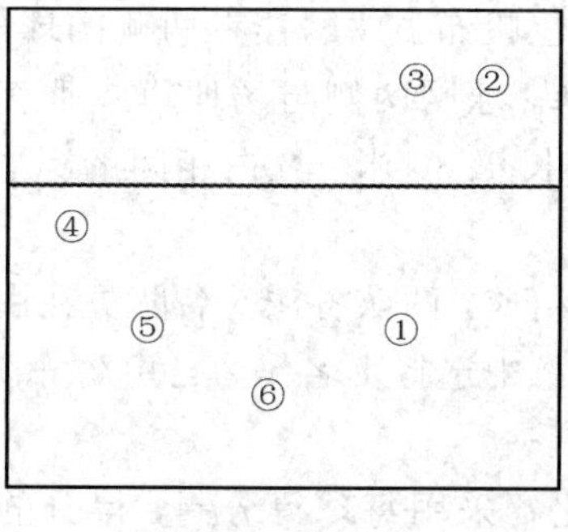

图 7－2－14

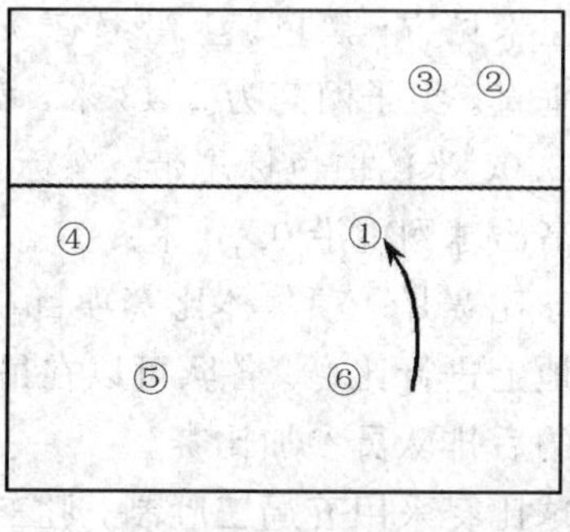

图 7－2－15

(2)“心跟进”防守阵形。

这种防守阵形也可称为“六号位跟进”防守阵形，当对方经常采用打吊结合，而自己拦网能力又较强，能封住后场中区，⑥号位或某个队员又善于防吊球时，可采用“心跟进”防守阵形。采用“心跟进”防守阵形，对防吊球和拦网弹起的球较有利，也便于接应和组织反攻，但后场只有两人防守，空隙较大，后场中央和“两腰”容易造成空当。如对方进攻战术多变，突破点多时，就不适合采用这种防守阵形，如图 7-2-16 和图 7-2-17 所示。

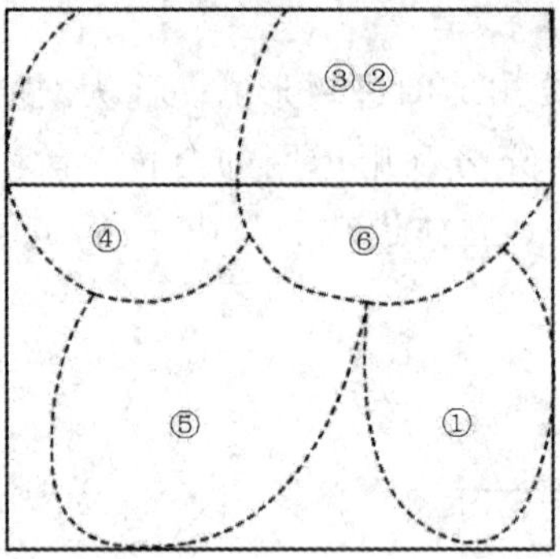

图 7-2-16

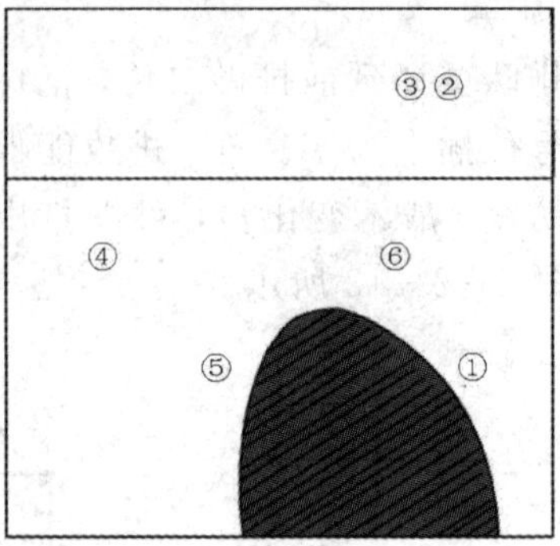

图 7-2-17

5）双人拦网

双人拦网指两名队员在球网上空拦阻对方击来的球，是防守反击的第一道防线，也是主要得分的手段，因此它是积极主动并具有攻击性的防守。动作由准备姿势、移动、起跳、空中拦击和落地等相互衔接的五个部分组成。拦网时，应有良好的判断力，准确选择拦网地点、时间和空间。

第三节　排球比赛规则

排球场地为长方形，地面水平，长 18 米，宽 9 米。两边线外无障碍区至少 5 米宽，两端线外至少 8 米，上空无障碍区至少 12.5 米。地面为木制或合成物，浅色，场地内外颜色有区别。球场中间挂网，网下面画有中线，把球场划为两个区。中线两侧 3 米处画有两条平行线，称为进攻线。进攻线把每个场区分为前、后场区。发球区在端线后边，宽为 3 米。场上各线宽为 0.05 米。边、端线的宽度包括在球场面积内。排球网长 9.50 米，宽 1 米，网孔 0.1 厘米见方，黑色。上沿缝有 0.05 米宽的双层白色帆布。球网挂在两侧的球网柱上，与中线垂直。男子网高为 2.43 米，女子网高为 2.24 米。球网两侧与场地边线垂直处挂有一条宽 0.05 米的白色标志带。在标志带外侧各竖一根长 1.80 米、红白相间的标志杆。杆的顶端高出球网上沿 0.80 米。

排球比赛是一项集体比赛项目，每队由 12 名队员组成，两队各派 6 名队员在由球网分开的场地上进行比赛。各队可以在最后确认的 12 名队员中选择 1 名作为自由防守队员，作为特殊的后排队员参加比赛。

排球比赛采用五局三胜制，胜三局的队胜一场。比赛采用每球得分制，得分的队伍同时获得发球权，队员按顺时针方向轮转一个位置。每局比赛先得 25 分并同时领先对手 2 分的队胜一局。当比分为 24:24 时，比赛继续进行至某队领先 2 分为止。决胜局先得 15 分并同时领先对手 2 分的队获胜。当比分为 14:14 时，比赛继续进行至某队领先 2 分为止。

在比赛中，每局每队最多可以请求2次暂停，暂停时间限制为30秒。第1～4局，每局另外有2次时间各为60秒的技术暂停，决胜局没有技术暂停，每队在该局中可请求2次30秒的普通暂停。排球比赛中的几种主要犯规如下。

1. 发球犯规

发球次序错误；发球队员在击球时或击球起跳时，踏及场区(包括端线)或发球区以外地面；发球队员在第一裁判员鸣哨允许发球后8秒内未将球击出；球未被抛起或持球手未清楚撤离就击球；双手击球或单手将球抛出、推出；将球抛起准备发球却未击球；球发出后触及发球队其他队员；界外球；球越过发球掩护的个人或集体。

2. 位置错误

当发球队员击球时，如果场上队员不在其正确位置上，则构成位置错误犯规。未按规则规定站位：即每一名前排队员至少有一只脚的一部分比同列后排队员的双脚距中线更近。同列队员有3对，即④号位同⑤号位、③号位同⑥号位、②号位同①号位队员。同排队员中每一名左边(右边)队员至少有一只脚的一部分比同排中间队员的双脚距左(右)边线更近。同排队员有4对，即③号位同④号位、③号位同②号位、⑥号位同⑤号位、⑥号位同①号位队员。同排或同列的相关队员进行对比才有可能发生位置错误犯规。

3. 击球时的犯规

排球比赛时，运动员身体任何部分均可触球，但一名队员(拦网队员除外)连续击球两次则为连击犯规；如果将球接住或抛出为持球犯规；一个队连续触球四次(拦网除外)为四次击球犯规。或者队员在比赛场地内借助同伴或任何物体的支持进行击球，皆为借助击球犯规。

4. 拦网犯规

拦网犯规包括过网拦网犯规、后排队员拦网犯规、拦发球犯规和从标志杆外伸入对方空间拦网犯规几种情况。在对方进攻性击球前或击球时，到对方空间拦网触球为过网拦网犯规。判断过网拦网的依据是进攻队员与拦网队员触球时间的先后。后排队员或后排自由防守队员完成拦网或参加了完成拦网的集体，为后排队员拦网犯规。拦对方发过来的球为拦发球犯规。从标志杆外伸入对方空间拦网并触球为拦网犯规。

5. 球网附近的犯规

队员在球网附近的犯规包括过网击球犯规、过中线犯规、触网犯规和网下穿越进入对方空间妨碍对方比赛犯规等。对方进攻性击球前或击球时，在对方空间触及球为过网击球犯规。比赛进行中，队员整只脚、手或身体其他任何部分越过中线并接触对方场区，为过中线犯规。比赛过程中，队员触网或触标志杆不是犯规。但队员在击球时或干扰比赛情况下的触网或触标志杆为犯规。队员击球后可以触及网柱、全网长以外的网绳或其他任何物体，但不得影响比赛。比赛过程中，在不妨碍比赛的情况下，允许队员在网下穿越进入对方空间。若网下穿越进入对方空间的队员妨碍了对方比赛则为犯规。

6. 后排队员进攻性击球犯规

后排队员在前场区内或踏及进攻线(或其延长线)，将整体高于球网上沿的球，击过球网垂直面或触及对方拦网队员，则为后排队员进攻性击球犯规。

排球"小知识"

☆ 排球队员

排球队的正式队员由12人组成，场上6人，包括两名主攻、两名副攻、一名二传、一名接应二传(四二配备为两名二传)和自由防守人(自由人替下场上后排的队员)。

☆ 观赛礼仪

(1) 运动员做准备活动时，如球飞到看台，观众不要直接将球扔回场内，应将球捡起交给捡球员。

(2) 比赛中，运动员发球时，任何声响干扰都不受限制。如果运动员发球失误，观众也可以鼓掌表示对另一方得分的祝贺，但过分地"鼓倒掌"是不礼貌的行为。

第八章　乒　乓　球

乒乓球起源于英国，它的英语名称是“Table Tennis”，意即“桌上网球”。乒乓球一名起源于1900年，因其打击时发出“ping pang”的声音而得名，在中国大陆、香港及澳门等地区以“乒乓球”作为它的名称。然而，台湾地区和日本则称之为“桌球”，意指球桌上的球类运动。乒乓球为圆球状，在2000年悉尼奥运会之前(包括悉尼奥运会)，国际比赛用球的直径为38毫米，2000年之后规定国际比赛用球的直径为40毫米。在中间隔有横网的长274厘米、宽152.5毫米、高76厘米的球台上进行比赛。比赛时，运动员各站球台一侧，用球拍击球，击法有挡、抽、削、搓、拉等。球须在台上反弹后才能还击过网，以落在对方台面上为有效。比赛以11分为一局，采用五局三胜或七局四胜制。比赛分团体、单打、双打等数种。

第一节　乒乓球基本技术

一、器材及术语

1. 球台

球台长2.74米，宽1.525米，离地面76厘米，与水平面平行台面为暗色(国际比赛规定应由暗墨绿色纤维素喷漆或涂漆)，无光泽。台边各有2厘米宽的白线，长的称边线，短的称端线。台面中央有一条0.3厘米宽的白线，称中线，中线将两个台区各分为左右两个部分，如图8-1-1所示。

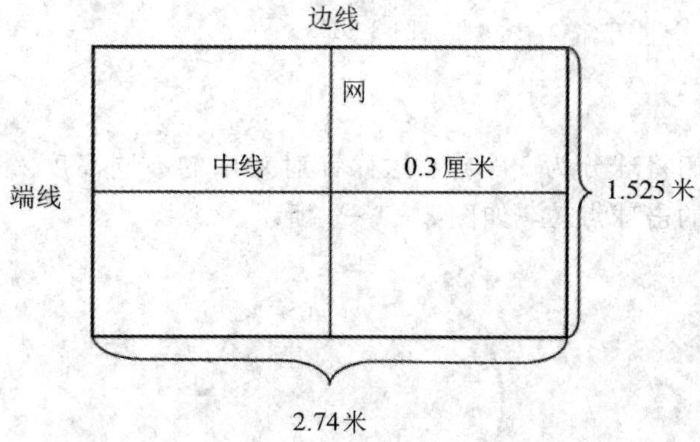

图8-1-1

2. 球拍

用来击球的拍面应用一层颗粒向外的普通颗粒胶覆盖，连同黏合剂厚度不超过2毫米;或用颗粒向内或向外的海绵胶覆盖，连同黏合剂的厚度不超过4毫米。按拍柄长度的不同主流球拍分为直板和横板，如图8-1-2所示，这或许和东方人用筷子、西方人用刀叉有关。个人可以到超市买成品拍，买来就可以打球了；也可以到器材商店买底板、套胶和胶水，自己来粘一个更适合自己打法的球拍。

(a) 直板(拍柄较短)　　(b) 横板(拍柄较长)

图8-1-2

3. 乒乓球场地

乒乓球场地只是足球场的1/73、网球场的1/7，用75厘米高的挡板围成长14米、宽7米的长方形，灯光亮度要达到1000勒克斯，灯具应高出地面5米。

4. 拍面角度

乒乓球拍的拍面角度如图8-1-3所示。

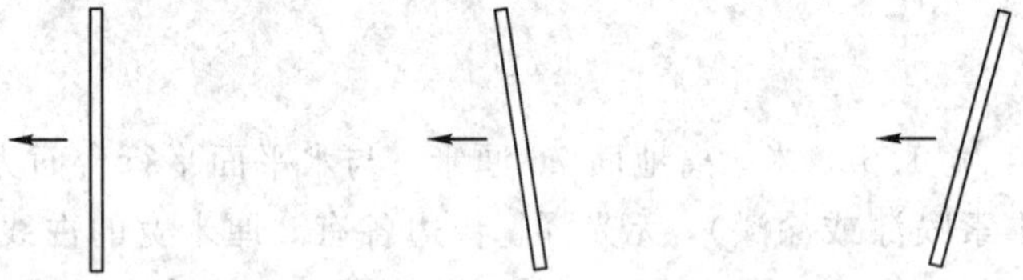

(a) 垂直　　(b) 前倾　　(c) 后仰

图8-1-3

5. 球的位置

像时钟一样，我们将球分为5个点，这样针对来球的不同高度、不同旋转以及不同的力量，可以选择不同的击球点位，如图8-1-4所示。

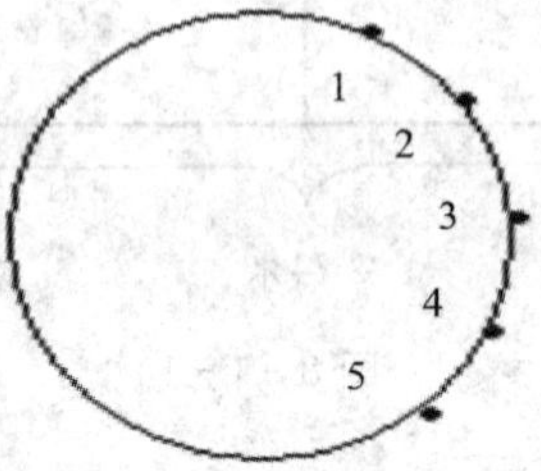

图8-1-4

6. 击球时机

击球时机大体上分为上升期、高点期、下降前期、下降后期，如图 8-1-5 所示。上升期击球借力相对容易，但这个点球比网低，球速快，所以很难发力，很难掌握，失误会增多。在最高点击球可能是最容易、最稳定的，它的优点是弧线高，时间充裕，难度不大，它的缺点是旋转已发出，出手速度不快，动作不能隐蔽，击球威胁不大。下降前期只能作为辅助的击球点，往往在对方旋转很强，自己难以发力的调节时偶尔使用，在这个点击球时旋转强，球点低，借力难，调节难。在下降后期击球是最不可取的，除了放高球和失位的扑救，别的球尽量不要使用。

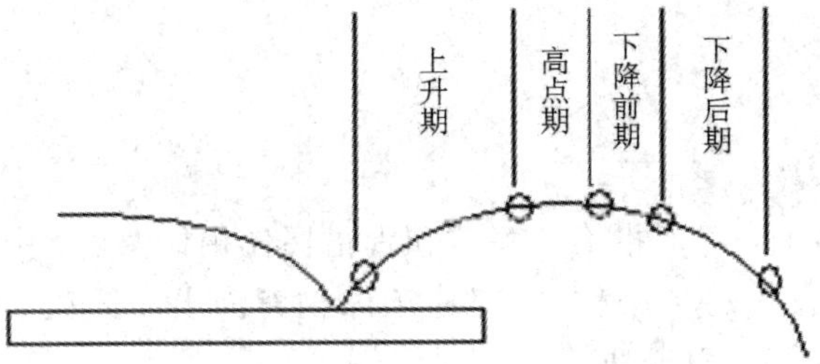

图 8-1-5

7. 球的旋转

有一种对乒乓球的定义认为乒乓球是一种制造弧线的运动。弧线的来源有两种：第一种是球在重力作用下而产生的抛物线；第二种是在球的旋转和重力共同作用下而产生的弧线。如图 8-1-6 所示，当球旋转时，球体带动它周围空气以相同的方向旋转，左侧空气流速$=V_1+V_2$，右侧空气流速$=V_1-V_2$，根据伯努利定律，空气流速大的地方压强小，左侧空气流速明显大于右侧，右侧空气压力明显大于左侧，故在球向前飞行的过程中有明显向左偏的趋势。

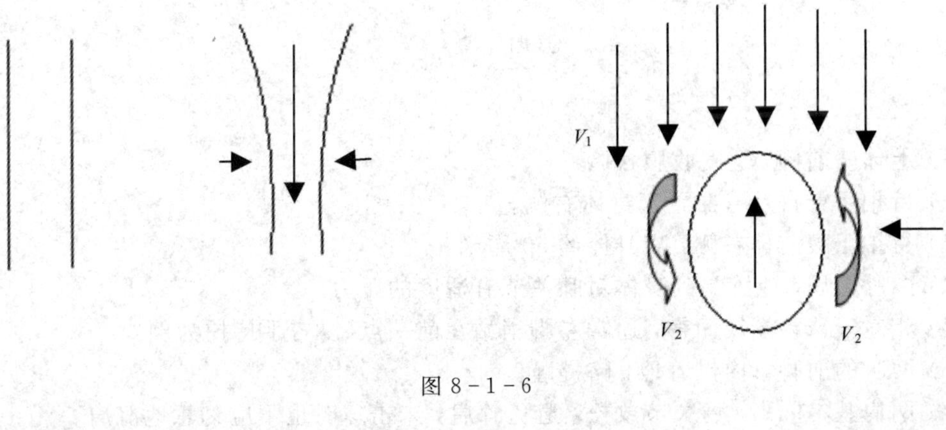

图 8-1-6

8. 击球路线

右方斜线，又称正手斜线。右方直线，又称正手直线。左方斜线，又称反手斜线。左方直线，又称反手直线。中路直线，又称中路追身球。比赛中善于改变击球线路，可调动对方左、右奔跑，并迫使对方正、反手交替击球，如图 8-1-7 所示。

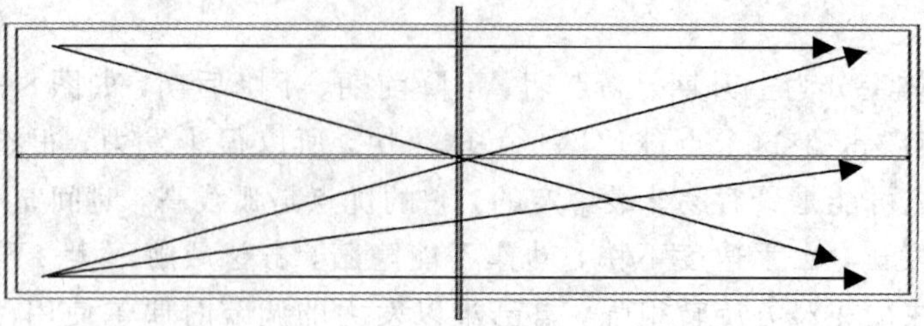

图 8-1-7

二、基本技术

1. 握拍法

1）直拍握法

拇指、食指自然弯曲，以拇指第一关节和食指握住拍柄两肩。中指、无名指、小指自然弯曲斜行重叠，以中指第一关节偏左侧部托于球拍背面上 1/3 处；或中指、无名指微屈，同时压住拍面，如图 8-1-8(a)所示。

2）横拍握法

虎口压住球拍右上肩，拇指和食指自然弯曲分别握在拍身前、后两面。中指、无名指、小指弯曲握住拍柄。横拍握法因每个人的习惯、特点不同，分深握和浅握两种，如图 8-1-8(b)所示。

(a) 直拍握法　　(b) 横拍握法

图 8-1-8

2. 站位

(1) 上体略前倾，适度收腹含胸。
(2) 持拍手臂自然弯曲置于身体右侧。
(3) 持拍于腹前偏右侧，离身体约 30 厘米。
(4) 两膝微屈，应感觉到身体对膝关节有适度的压力。
(5) 相对于球台端线而言，通常左脚稍站在前一点(以右手持拍为例)。
(6) 两脚的前脚掌内侧着地，略提踵。
(7) 两肩基本同高，肩关节放松，避免耸肩，未击球时也不应刻意地沉肩。
(8) 球拍不要沉得过低。
(9) 非持拍手自然放于腹前，与持拍手基本同高。
(10) 两脚开立略比肩宽，但也不能过宽。

学习方法：技术要点多吧？没关系，只要记住右脚靠后一脚，屈膝、屈髋、含胸就可以了，如图 8－1－9 所示。

图 8－1－9

3. 步伐移动

1）跨步

左脚不动，右脚向右跨出一步，主要目的是来球偏右侧，右脚跨出一步对准来球，如图 8－1－10 所示。

2）垫步

左脚先向右侧跨出一步，右脚再向右侧跨出一步。主要目的是应对偏右来球，范围大于跨步，如图 8－1－11 所示。

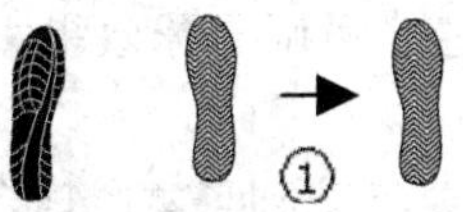

图 8－1－10

图 8－1－11

4. 正手攻球

手臂自然弯曲并做内旋使拍面稍前倾，前臂横摆引至身体右侧后方。右脚稍用力蹬地，髋关节略向前转动，腰向左转，上臂带动前臂快速向左前方挥动迎球。当来球跳至上升期(或高点期)时，拍面稍前倾击球中上部，触球瞬间前臂迅速收缩，向前打为主、略带摩擦，手腕辅助发力，如图 8－1－12 所示。

(a) 直拍正手攻球

(b) 横拍正手攻球

图 8－1－12

1）技术解读

球飞过来，向右转髋和肩，将手臂和球拍固定，并忘掉手臂及球拍。击球时向左转髋用右胯的左转击球过网，如图 8－1－13 所示，A～B 为髋关节角度。球拍止于鼻子前面 20 厘米处，记住还要迅速还原。

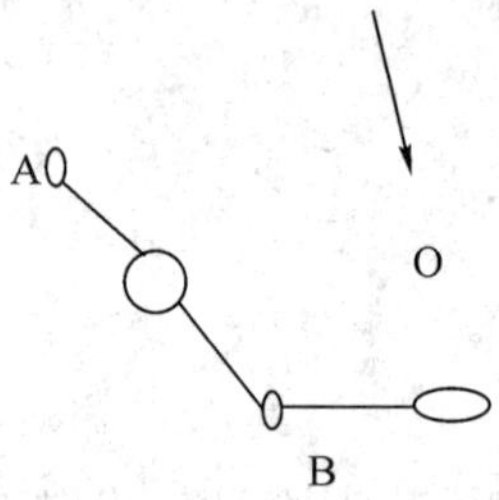

(a) 转体引拍

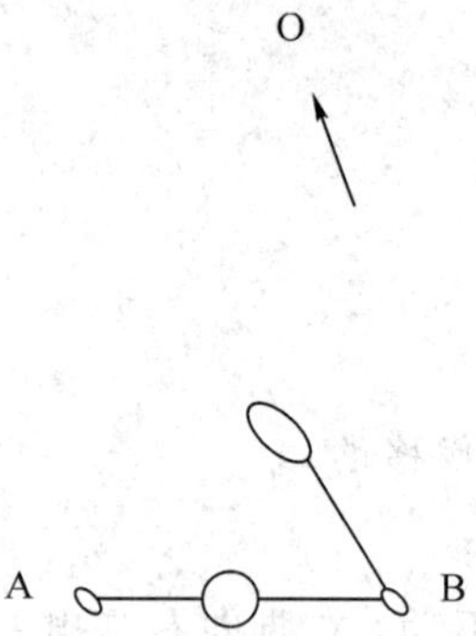

(b) 转体挥拍

图 8－1－13

2）易犯错误及纠正方法

(1) 正手攻球时不敢大胆挥拍，有停顿。

纠正方法：明确球是用肘关节发力打过去的。不要过分强调击球效果。

(2) 击球时间不准。

纠正方法：引拍动作是从球离开对方球拍开始的，不要等球到了本方球台才开始引拍。

(3) 击球不能制造出合适的弧线，球出界下网情况较多。

纠正方法：击球动作停止在鼻子前面 20 厘米处，对球有足够的摩擦。

5. 推挡和拨球技术

手臂自然弯曲并做外旋，拍面角度稍前倾，上臂和肘关节内收自然靠近身体右侧，将球拍引至身体前方。当来球跳至上升期时，前臂和手腕迅速向前略向上推出去。触球刹那手腕外旋，拍面稍前倾击球中上部。以前臂和手腕发力为主，并适当借力，如图 8－1－14 所示。

(a) 直拍反手推挡

(b) 横拍反手拨球

图 8－1－14

1）技术解读

准备动作时球拍收于腹前，手腕固定，拍面对准所要到达击球方向。对准来球向前推出，动作结束时拍面仍然对准所要到达击球方向，动作过程中拍面角度无任何变化。特别强调横拍拨球时开始球拍拍头成水平方向，击球结束时拍头朝上，成“看书动作”，主要目的是完成对球的摩擦作用。

2）易犯错误及纠正方法

（1）击球方向不准。

纠正方法：运用步伐移动对正来球。球拍向前推出过程中固定手腕，拍面不要有任何变化。

（2）击球节奏慢。

纠正方法：尽量在来球上升期完成动作，这时的球拍角度要略向前倾。

6．发球技术

发平击球时左手将球向上抛起，同时右臂内旋，使拍面稍前倾，向右后方引拍。当球从高点下降至稍高于球网时，击球中上部向左前方发力，如图 8－1－15 所示。

图 8－1－15

1）技术解读

将球抛至与眼同高，当球开始下落时，完成前面的正手攻球动作就可以了，为了能使球落在本方球台端线处，球拍应略向前倾。

2）易犯错误及纠正方法

（1）球飞行高度过高。

纠正方法：等球落下与球网同高时完成击球。

（2）打不着球。

纠正方法：从抛球到击到球时间为“1”，击球为“2”，根据自己情况调整“1”的时间。反复练习、实验。

7．正手前冲弧圈球

正手前冲弧圈球特点是出手快，球速快，力量较大，球的飞行弧线低，落到对方台面后快速下沉，而使对手很难回击或回防，攻击性强。它是对付推挡、削球、搓球和接出台发球的重要技术。

正手弧圈球力量大，速度快，所以该技术使用的稳定性高。由于在正手的击球时间和空间上选择余地要大于反手，因此其威力也是所有弧圈球技术中最大的。

正手前冲弧圈球的动作要领如下，如图 8－1－16 所示。

站位：左脚在前，右脚稍后，两脚间距离比快攻时略大，两膝微屈，重心约在前脚掌内侧，手臂自然下垂伸直，拍形略前倾。与拉加转弧圈相比，站位更近，重心略高。

引拍：当来球从台面弹起时，左脚稍蹬地右转，转腰弯屈膝关节同时重心落到右脚上，右肩下沉，右手随之引拍至身体右后方。与拉加转弧圈相比，拍形更前倾些，引拍位置稍高，但应该低于来球。

挥拍击球：右脚蹬地，挺髋，腰部向左上方转动，在肩部带动下，大臂带动前臂向左前上方加速挥动，击球的瞬间，整个身体的动量传递到手腕，加速度达到最大。击球点在来球的上升期或者高点期，摩擦球的中上部。击球后重心移至左脚。

还原：随势挥拍后注意尽快还原。

(a) 直拍正手拉前冲孤圈球

(b) 横拍正手拉前冲孤圈球

图 8-1-16

1）技术解读

某种意义上说拉弧圈球是正手攻球动作的放大，但要注意小臂打开放开，引拍幅度加大。发力时蹬地转髋更加明显，同时保持拍面适当前倾。

2）易犯错误及纠正方法

(1) 腰、髋、腿及上肢的不协调，大部分人表现在只有上肢发力，腰、髋、腿的力传不上来。

纠正方法：中台正手攻球，适当加大动作幅度，将手臂与髋关节锁定，用蹬地转髋的力量将球击打过网。当动作熟练时加大转髋力度，拍面适当前倾，逐步加大收小臂幅度。

(2) 动作不固定，变形严重。

纠正方法：动作不固定的原因主要是由于击球点不准造成的，当球飞向本方球台时，利用步伐移动技术积极调整与来球的相对位置，保证击球点的准确。

第二节　乒乓球基本战术

一、发球抢攻战术

发球抢攻是我国直板快攻打法的“杀手锏”，是力争主动、先发制人的主要战术。各种类型打法的运动员都普遍采用发球抢攻来抢占每个回合的上风。发球战术运用的效果主要取决于发球的质量和第三板进攻的能力。发球抢攻战术因打法的类型不同而有所差异，常用的发球抢攻战术主要有以下5种。

(1) 正手发转与不转。

(2) 侧身正手(高抛或低抛)发左侧上(下)旋球。

(3) 反手发右侧上(下)旋球。

(4) 反手发急球或急下旋球。

(5) 下蹲式发球。

二、接发球战术

接发球战术与发球抢攻战术同样重要，从某种意义上讲，接发球水平的高低可以反映运动员的实战能力以及各项基本技术的应用程度。事实上，接发球者只是暂时处在被控制状态，如果你破坏了发球者的抢攻意图或者为他制造了障碍，减弱了对方抢攻的质量，也就意味着已经脱离被控制状态，变被动为主动了。控制与反控制是辩证的统一。

常用的接发球战术也有以下5种。

(1) 稳健保守法。

(2) 接发球抢攻。

(3) 盯住对方的弱点处，寻找突破口。

(4) 控制接发球的落点。

(5) 正手侧身接发球。

三、对攻战术

对攻战术是进攻型打法在相持阶段常用的一项重要战术。快攻类打法主要依靠反手推挡(或反手攻球)和正手攻球(或正手拉弧圈球)的技术，充分发挥快速多变的特点来调动对方。常用的对攻战术有以下7种。

(1) 紧逼对方反手，伺机抢攻或侧身抢攻、抢拉。

(2) 压左突右。

(3) 调右压左。

(4) 攻两大角。

(5) 攻追身球。

(6) 变化击球节奏，加力推和减力挡结合，发力攻、拉与轻打轻拉结合，也可造成对手的被动局面。

(7) 改变球的旋转性质，如加力推后、推下旋，正手攻球后，退至中远台削一板对方往往来不及反应，可直接得分或创造机会球。

四、拉攻战术

拉攻战术是以攻为主的选手对付削球的主要战术。为了发挥拉攻的战术效果，首先要具备连续拉的能力，并有线路、落点、旋转、轻重等变化，其次要有拉中突击和连续扣杀的能力。

常用的拉攻战术主要有以下6种。

(1) 拉反手后，侧身突击斜线或中路追身球。

(2) 拉中路杀两角或拉两角杀中路。

(3) 拉一角或杀另一角。

(4) 拉吊结合，伺机突击。

(5) 拉搓结合。

(6) 稳拉为主，伺机突击。

第三节　乒乓球比赛规则

一、发球与接发球和方位的选择

(1) 选择发球、接发球和场地的权力应通过抽签来决定。中签者可以选择先发球或先接发球，或选择先在某一方。

(2) 当一方运动员选择了先发球或先接发球或选择了场地后，另一方运动员应有另一个选择的权力。

(3) 在每获得 2 分之后接发球方即成为发球方，以此类推，直到该局比赛结束，或者直至双方比分都达到 10 分实行轮换发球法，这时发球和接发球次序仍然不变，而且每人只轮发一分球。

(4) 一局中在某一方位比赛的一方，在该场的下一局应换到另一方位。单打决胜局中，当有一方满 5 分时应交换方位。

二、发球与接发球次序和方位的错误处理

(1) 裁判员一旦发现发球、接发球次序错误应立即暂停比赛，并按该场比赛开始时确立的次序，根据场上的比分由应该发球或接发球的运动员发球或接发球；在双打中，则按发现错误时那一局中首先有发球权的一方所确立的次序继续进行比赛。

(2) 裁判员一旦发现运动员应交换方位而未交换时，应立即暂停比赛，并按该场比赛开始时确立的次序，根据场上比分纠正运动员所站的方位后再继续比赛。在任何情况下，发现错误之前的所有得分均有效。

三、合法还击

对方发球或还击后，本方运动员必须击球，使球直接越过或绕过球网装置。或触及球网装置后，再触及对方台区。凡属上述情况，均为合法还击。

四、重发球

不予判分的回合出现下列情况，应判重发球。

(1) 如果发球员发出的球，在越过或绕过球网装置时触及球网装置，此后成为合法发球或被接发球员或其同伴阻挡。

(2) 如果发球员或同伴未准备好时球已发出，而且接发球员或其同伴均没有企图击球。

(3) 由于发生了运动员无法控制的干扰，如灯光熄灭等原因，而使运动员未能合法发球、合法还击或未能遵守规则(运动员与同伴相撞或者被挡板绊倒而未能合法回击，则不能判重发球)。

(4) 裁判员或副裁判员宣布暂停比赛，如以下情况：

① 由于要纠正发球、接发球次序或方位错误。

② 由于要实行轮换发球法。

③ 由于警告或处罚运动员。

④ 由于比赛环境受到干扰以致该回合结果有可能受到影响(例如外界球进入赛场或者是足以使运动员大吃一惊的突然喧闹)。

五、判一分

回合中出现重发球以外的下列情况，应判失一分。

(1) 未能合法发球。

(2) 未能合法还击。

(3) 阻挡。

(4) 连续两次击球(如执拍手的拇指和球拍连续击球)。

(5) 除发球外，球触及本方台区后再次触及本方比赛台面。

(6) 用不符合规定的拍面击球。

(7) 双打中，除发球或接发球外运动员未能按正确的次序击球。

(8) 裁判员判罚分。

(9) 其他已列举的违例现象。

六、一局比赛

在一局比赛中，先得 11 分的一方为胜方；比分出现 10 平后，先多得 2 分的一方为胜方。

(1) 一场比赛应采用三局两胜制或五局三胜制。

(2) 一场比赛应连续进行，但在局与局之间，任何一名运动员都有权要求不超过两分钟的休息时间。

七、轮换发球法

(1) 如果一局比赛进行到 15 分钟仍未结束(双方都已获得至少 9 分除外)；或者在此之前的任何时间，应双方运动员要求，应实行轮换发球法。计时员应在每一局比赛的第一个球进入比赛状态时开表；在比赛暂停时停表，恢复比赛时重新开表。比赛暂停包括球飞出赛区至重新回到赛区、擦汗、决胜局交换方位及更换损坏的比赛器材。一局比赛进行到 15 分钟尚未结束，计时员应报“时间到”。

(2) 当时间到时，球仍处于比赛状态，裁判员应立即宣布暂停比赛，由被暂停回合的发球员发球继续比赛。当时间到时，球未处于比赛状态，应由前一回合的接发球员发球，继续比赛。

(3) 出现上述情况时，计数员应在接发球方每一次击球后报出击球数，在使用轮换发球法时，计数员报数应用英语或用双方运动员及裁判员均能接受的任何其他语言。

（4）此后，每个运动员都轮发一分球直至该局结束，如果接发球方进行了十三次合法还击，则判发球方失一分。

（5）轮换发球法一经实行，该场比赛的剩余部分必须继续进行，直至该场比赛结束。

八、比赛规则解读

（1）在一局比赛中，先得11分的一方为胜方；比分出现10平后，先多得2分的一方为胜方。

（2）每人连续发球两次，然后将发球权交予对方。

（3）轮换发球法就是一个人发球一次，当场上比分出现10：10时就开始使用轮换发球法。如果一局比赛进行到15分钟仍未结束(双方都已获得至少9分除外)，或者在此之前的任何时间，应双方运动员要求，应实行轮换发球法。一旦使用，不再改变，直至比赛结束。

（4）当时间超时采用轮换发球法后，从发球开始第十三次仍未分出胜负，则判发球方丢一分。

（5）击出的球从球网上方、侧面甚至下面飞过，只要落于对方球台，均视为有效。

（6）发球过程中，球触及球网，则由发球方重新发球。

（7）持拍手将球击出是有效的，但先碰到了手又触及球拍则视为犯规，丢一分。

第九章　羽　毛　球

通过本章的学习，使学生了解羽毛球的相关知识，并结合自身在以往锻炼过程中的心得更好地体会。

认知：熟悉羽毛球的相关基础知识。

理解：在认知的基础之上，掌握相关练习的基础技术，有利于更好地锻炼身体并领会体育精神，陶冶自身气质。

运用：在掌握理论的基础上要积极在实践中运用，理论结合实践，使自己的体育锻炼技巧更加娴熟。

第一节　羽毛球基本技术

一、握拍方法

羽毛球握拍法包括正手握拍法和反手握拍法。

1. 正手握拍法

握拍之前，先用左手拿住球拍，使拍面与地面垂直；再张开右手，使手掌在球拍的握柄底托部位，虎口对着球拍框。小指、无名指、中指自然并拢，食指与中指稍稍分开，自然弯曲贴在球拍握柄上。握拍的时候，不要过于用力，手部肌肉要放松。只是在击球的一刹那，手指突然紧握拍柄发力。

2. 反手握拍法

反手握拍法有两种：一种是由正手握拍法把球拍向外转，拇指前内侧部位贴在球拍柄的窄面部位，食指向中指方向稍回收；另一种是由正手握拍法将球拍框向外转，拇指伸直贴在球拍把的宽面，食指、中指、无名指、小指并拢。

3. 握拍方式补充

除了以上的握拍法之外，握拍亦有长短之分，手掌极端靠近球拍握把尾端时为长式，相反则为短式。长式、短式的握拍法，乃是指握拍时，握拍手与握把尾端的关系位置而言。

二、步法要领

脚步移动方向分为上网步法、后退步法和两侧移动步法等。不论运动过程中采用哪种步法，其移动前的站位及准备姿势都是一样的，即站位取中心位置，两脚左右开立(稍有前后)，约同肩宽，两膝微屈，两脚前脚掌着地，后脚跟稍提起并左右微动，上体稍前倾，右手持拍于体前，两眼注视对方的来球。

1. 上网步法

上网根据来球的远近，可采用两步、三步或一步上网击球。最后一步时，接拍那只手内侧的脚在前，身体重心落在前脚上。

2. 后退步法

无论采用哪种后退步法，都要保证最后一步落在右脚，保持重心在右脚上。

3. 两侧移动步法

两侧移动步法用于接对方击向身体左右两侧的球。向左侧移动时，右脚掌内侧用力起动，左脚同时向左侧转跨步，向右侧移动时则相反。

三、发球技术

发球是羽毛球比赛的开始，掌握发球技术，对于掌握比赛主动很重要。主要的发球技术包括正手发高远球、正手发平高球、正手发网前球、反手发平球、反手发网前球等。

1. 正手发高远球

准备发球时，站在离发球线 1 米左右，发球区中线附近，左脚在前，右脚在后，两脚自然分开。身体重心放在右脚上，身体自然微向后仰，右手向右后侧举起，肘部弯曲，左手拿球，左臂自然在胸前弯曲。重心随着引拍动作的完成，由侧面转向正面，左脚前移，右脚后跟提起，上体微微前倾，右前臂从斜下方挥动球拍的同时，左手放球。此时，持拍手腕部尽量伸展，右前臂完成向侧下方挥动后顺势往上方挥动。当球自然落至手臂向下自然垂直的球拍击球点时，紧握球拍，向前上方鞭打，用力击球。

2. 正手发平高球

站在距前发球线 1 米左右，发球区中线附近，左脚在前，右脚在后，两脚自然分开。身体重心放在右脚上，身体自然微向后仰，右手向右后侧举起，肘部弯曲，左手拿球，左臂自然在胸前弯曲。发球时，左手把球举在身体靠右前方并放下，使球下落，右手同时由大臂带动小臂，以小臂加速将球拍从右后方向前，并往左前方挥动。当球落到腰部稍下时，紧握球拍，手腕向前上方，以向前方为主击球，击球动作比高远球要小。

3. 正手发网前球

发网前球时，站位稍前。网前球飞行线路短、弧度低、用力轻，所以前臂和手腕后伸的程度比发高远球小。球拍触球时，拍面从右向左斜切击球，使球刚好越网而过，落在对方发球线附近。发球的时候，左手把球举在身体的右前方放下，使球下落，右手同时由大臂带动小臂，从右后方向前，往左前上方挥动，大臂开始挥动的时候，身体重心由右脚慢慢移到左脚。当球落到击球人手臂向下自然伸直能够触球的同时，握紧球拍，并利用甩手腕的力量，向前上方用力击球，击出同时，手臂向左上方挥动。

4. 反手发平球

发球时，球拍的挥动方向与反手发网前球一样，只是在击球一刹那，手腕采用弹击方法，拍面角度接近垂直，将球击到双打后发球线以内。

5. 反手发网前球

站位靠近发球线，左脚或右脚靠前均可，身体重心在前脚，上体前倾后脚跟提起。右手反握在拍柄稍前部位，肘部关节部位提起，手腕稍前屈，球拍低于腰部，斜放在小腹前。左手持球在球拍面前方。发球时，球拍由后向前推送球，使球的最高弧线略高于网顶，通过拍面的切削作用使球落在对方场区发球线附近。

四、击球技术

羽毛球击球技术包括前场击球和中后场击球。前场击球主要练习前场正手接网前球技术、正手放网前球、正手推网前球(推直线和推斜线)，正手网前勾对角线、反手放网前球、反手网前搓球、反手网前勾对角线和轻吊球。中场击球主要包括正手挡对角线网前球技术、正手接直线网前球技术、反手勾对角网前球技术和反手挡直线网前球技术。

1. 击平高球

击平高球与击高远球一样，平高球也可以分别用止手、头顶或反手技术去击打。击球前的准备动作与击打高远球类似，只是击球瞬间，手腕是向前而不是向上方用力。

2. 反手击高远球

看准对方来球落向左后场区时，迅速把身体转向左后方，移动到适合击球的位置，背对球网，用反手握拍法握拍。最后一步右脚跨向左后方，球拍由身前举到左臂附近，以大臂带动前臂转动，击球时前臂由左肩上方向下绕半弧形，手指紧握球拍，击球点应在右肩上方为好。击球后转身，手臂回收至胸前。

3. 头顶击直线高球的对角高球

基本准备姿势和动作与正手击高球相似，但击球前上体稍弓，身体后仰，以便更好地发力。右上臂右后上抬，球拍由后绕过头顶，前臂向前上方经内旋带动手腕突然屈收鞭打发力，击球托的后部，使球飞向直线方向。

4. 正手击直线高球和对角线高球

在右后场区时，左脚在前，右脚在后，稍屈膝，侧身对网，重心在右脚前掌上面，左手自然上举，头抬起时注视来球，右手持拍于身体右侧。击球前重心下降准备起跳。起跳的同时右臂后引，胸部舒展。当球落至额前上方击球点时，上臂往右上方抬起，肘部领前，前臂自然后摆，手腕尽量后伸，前臂急速内旋向前上方挥动，手腕向前鞭打发力，紧握球拍，击球托的后部，球即沿直线方向飞行。若手腕控制拍面击球托的后侧下部，则球向对角方向飞行。击球后，手、手臂随惯性自然收至胸前。

5. 拦吊(拦截吊)

拦吊通常是将对方的平高球拦截回去，击球时拍面正对来球，当拍面触球时，只要轻轻拦切或点击，球即以较平的弧线、较慢的速度越过球网下落。

6. 劈吊

劈吊击球前动作和打高球、杀球相似。击球时用力较轻，带有劈切动作(落点一般离球网较远)，当球落在右手臂向上自然伸直的高度时，手腕快速做切削动作，使拍面与球托右侧或左侧接触而把球击出，完成劈吊动作。

7. 轻吊

轻吊击球前动作和打高球相似（落点一般离球网较近）。击球时，球拍正对来球，在接触球的瞬间，突然减速轻点或轻切来球，使球刚一过网就下落。

五、扣球技术

扣球又称杀球，是羽毛球比赛得分的主要手段之一，是把对方击来的球在尽量高的击球点上斜压下去。这种球力量大、弧线直、落地快，给对方的威胁很大，它是进攻的主要技术。扣杀球包括正手侧身扣杀直线球、正手侧身扣杀对角线球、正手腾空突击扣杀、头顶扣杀对角线球、头顶扣杀直线球、头顶腾空突击扣杀、反手扣杀球等技术。

1. 正手侧身扣杀直线球

正手侧身扣杀直线球的准备姿势与正手击高球相似，不同之处是右脚起跳后，身体后仰成弓形后收腹用力，靠腰腹带动大臂，大臂带动手腕，形成向下鞭打用力，球拍正面击球托后部，无切击，使球直线向下方快速飞行。击球后立即还原成准备动作。

2. 正手侧身扣杀对角线球

正手侧身扣杀对角线球的准备姿势与正手扣直线球相似，不同之处是右脚起跳之后，身体向左前方转动用力，协助手臂向对角线方向击球。

3. 正手腾空突击扣杀

击球前，右脚稍前，左脚稍后，身体稍向前倾、屈膝，重心落在右脚上，准备起跳。起跳后，身体向后方腾起，上身右后仰成反弓形，右臂右上抬，肩尽量后拉。击球时，前臂快速举起，快速向前下击球。杀球后，屈膝缓冲，右脚右侧着地，重心在右脚前，左脚左侧先着地，并迅速还原。

4. 头顶扣杀对角线球

头顶扣杀对角线球的准备动作与头顶击高球相似，不同之处是挥拍击球时靠腰腹带动上臂、前臂、手腕的鞭打动作，全力向对角线下方击球。球拍面和击球方向水平面夹角小于90°。

5. 头顶扣杀直线球

头顶扣杀直线球的准备姿势与头顶击高球相似，不同的是挥拍击球时，准备动作同头顶击高球。挥拍击球时，靠腰腹带动上臂、前臂、手腕的鞭打动作，全力向直线下方击球。球拍面和击球方向水平面的夹角小于90°。

6. 头顶腾空突击扣杀

击球前，身体向左侧后方倾斜，重心落在左脚上，屈膝准备起跳，起跳后身体向左侧后方腾起，上身向后仰成反弓形，手腕后伸外展。击球时，前臂迅速由头后举起，手腕内旋压腕，在前臂内旋的带动下鞭打向前下击球。

7. 反手扣杀球

反手扣杀球动作与反手击高球相似，不同之处在于击球前挥拍力量更大，身体反弓加上手臂、手腕的延伸、外展时鞭打更加用力，可向对方直线或对角线的下方用力，击球瞬间与扣杀球方向的水平夹角小于90°。

第二节　羽毛球基本战术

一、单打战术

1. 发球抢攻战术

这种战术的发球不受对方干扰，发球者可以根据规则，随心所欲地以任何方式将球发到对方接球区的任意一点。应善于利用多变的发球技术先发制人，取得主动，以发平快球和网前球配合，争取创造第三拍的主动进攻机会，组成发球抢攻战术。

2. 攻后场战术

这种战术采用重复打高远球或平高球的技术，压对方后场两角，迫使对方处于被动状态，一旦其回球质量不高，便伺机杀、吊对方的空当。

3. 逼反手战术

一般来说，后场反手击球的进攻性不强，球路也较简单。对于后场反手较差的对手要毫不放松地加以攻击。先拉开对方位置，使对方反手区露出空当；然后把球打到反手区，迫使对方使用反拍击球。例如，先吊对方正手网前，对方挑高球，便以平高球攻击对方反手区。在重复攻击对方反手区迫使其远离中心位置时，突然吊球至对角网前。

4. 打四点球突击战术

这种战术是以快速的平高球、吊球准确地打到对方场区的四个角落，迫使对方前后左右奔跑，当对方来不及回中心位置或失去重心时，抓住空当和弱点进行突击。

5. 吊、杀上网战术

这种战术是先在后场以轻杀配合吊球把球下压，落点要选择在场地两边，使对方被动回球。若对方还击网前球，便迅速上网搓球或勾对角快速平推球；若对方在网前挑高球，可在其后退途中把球直接杀到他身上。

6. 先守后攻战术

这种战术可用来对付那种盲目进攻而体力又差的对手。比赛开始，先以高球诱使对方进攻，在对方只顾进攻疏于防守时，即可突击进攻，或者在对方体力下降、速度减慢时再发动进攻。这是以逸待劳、后发制人的战术。

二、双打战术

双打比赛不仅是比赛双方在技术、战术、体力上的较量，同时也是同伴间默契程度的较量。

1. 攻人战术

攻人战术即“二打一”或避强击弱战术。集中力量攻击对方较弱的队员，迫使对方的特长得不到发挥，充分暴露对方的弱点，是此战术的目的。

2. 攻中路、攻半场战术

这种战术是当对方队员分边站位时，尽可能地将球攻到对方两人之间的空隙区，以造成对方争夺回击或相互让球而出现失误；当对方成前后站位时，将球还击到两人之间靠边线的位置上。这是对付配合欠佳，动作不灵活，接半场球技术较差的对手的有效战术。

第三节　羽毛球比赛规则

一、羽毛球场地与器材

1. 场地

羽毛球场地为长方形，长度为13.40米，双打场地宽为6.10米，单打场地宽为5.18米。球场中央网高1.524米，双打边线处网高1.55米。球场上各条线宽均为4厘米，丈量时要从线的外沿算起。球场界线最好用白色、黄色或其他易于识别的颜色画出。按国际比赛规定，整个球场上空空间最低为9米，在这个高度以内，不得有任何横梁或其他障碍物，球场四周2米以内不得有任何障碍物。任何并列的两个球场之间，最少应有2米的距离。球场四周的墙壁最好为深色，不能有风。

2. 器材

球重4.74克～5.5克，由16根羽毛插在半球形软木托上，球高68毫米～78毫米，直径58毫米～68毫米，分为1～10号。球拍框总长度不超过68厘米，宽不超过23厘米，拍弦面长不超过28厘米，宽不超过22厘米。

二、羽毛球比赛方法及主要规则

1. 比赛的项目

羽毛球比赛的项目有男子单打、女子单打、男子双打、女子双打、混合双打、男子团体和女子团体。

2. 比赛的计分方法

(1) 采用21分制，即双方分数先达21分者胜，3局2胜制。每局双方打到20平后，一方领先2分即算该局获胜；若双方打成29平后，一方领先1分，即算该局取胜。

(2) 实行每球得分制，并且除特殊情况(比如地板湿了，球打坏了)外，球员不可提出中断比赛的要求。但是，每局一方以11分领先时，比赛进行1分钟的技术暂停，让比赛双方进行擦汗、喝水等。

(3) 得分方有发球权，如果本方得单数分则从左边发球，得双数分则从右边发球。在第三局或只进行一局的比赛中，当一方分数首先达到11分时，双方交换场区。

3. 比赛规则

1) 交换场区

(1) 以下情况运动员应交换场区：

① 第一局结束。

② 第三局开始。

③ 第三局中或只进行一局的比赛进行至一方达到11分时。

(2) 运动员未按以上规则交换场区，已经发现应立即交换，已得分数有效。

2）合法发球

（1）发球时任何一方都不允许非法延误发球。

（2）发球员和接发球员都必须站在斜对角线发球区内发球和接发球，脚不能触及发球区的界线；两脚必须都有一部分与地面接触，不得移动，直至将球发出。

（3）发球员的球拍必须先击中球托，与此同时整个球必须低于发球员的腰部。

（4）击球瞬间球杆应指向下方，从而使整个球框明显低于发球员的整个握拍手部。

（5）发球开始后，发球员的球拍必须连续向前挥动，直至将球发出。

（6）发出的球必须向上飞行过网，如果不受拦截，应落入接发球员的发球区。

3）羽毛球的违例

（1）发球不合法违例。

（2）发球员发球时未击中球。

（3）发球时，球过网后挂在网上或停在网顶。

（4）比赛时以下情况为违例：

① 球落在球场边线外。

② 球从网孔或从网下穿过。

③ 球不过网。

④ 球碰屋顶、天花板或四周墙壁。

⑤ 球碰到运动员的身体或衣服。

⑥ 球碰到场地外其他人或物体（由于建筑物的结构问题，必要时地方羽毛球组织可以制定羽毛球触及建筑物的临时规定，但其国家级组织有否决权）。

⑦ 球拍或球的最初接触点不在击球者网的这一方（击球者击球后，球拍随球过网）。

⑧ 运动员球拍、身体或衣服触及网或网的支持物。

⑨ 运动员的球拍或身体以任何程度侵入对方场区。

⑩ 妨碍对手，如阻挡对方紧靠球网的合法击球。

⑪ 运动员故意分散对方注意力的任何举动，如喊叫、故作姿态等。

⑫ 击球时，球夹在或停滞在拍上紧接着又被拖带。

⑬ 同一运动员两次挥拍连续击中球两次。

⑭ 同一方两名运动员连续各击中球一次。

⑮ 球碰球拍继续向后场飞行。

（5）运动员违反比赛连续性的规定。

（6）运动员行为不端。

4）重发球

（1）遇到不能预见或意外的情况，应重发球。

（2）除发球外，球挂在网上或停在网顶，应重发球。

（3）发球时，发球员和接发球员同时违例，应重发球。

（4）发球员在接发球员未做好准备时发球，应重发球。

（5）比赛进行中，球托与球的其他部分完全分离，应重发球。

（6）司线员未看清球的落点，裁判员也不能作出决定时，应重发球。

（7）重发球时，最后一次发球无效，原发球员应重发球。

5）死球

（1）球撞网并挂在网上，或停在网顶上。

（2）球撞网或网柱后开始在击球这一方落向地面。

（3）球触及地面。

（4）违例或重发球。

6）发球区错误

（1）发球顺序错误。

（2）从错误的发球区发球。

（3）在错误的发球区准备接发球，且对方球已发出。

7）发球区错误的裁判方法

（1）如果错误在下一次发球击出前发现，应重发球；只有一方错误并输了这一回合，则错误不予纠正。

（2）如果错误在下一次发球击出前未被发现，则错误不予纠正。

（3）如果因发球区错误而重发球，则该回合无效，应纠正错误重发球。

（4）如果发球区错误未被纠正，比赛应继续进行，并且不改变运动员的新发球区和新发球顺序。

8）比赛中的出界

（1）单打的边线是边界里面的一条线。

（2）双打的边线是最外面的一条线。

（3）单打的前发球线是最前面的一条线。

（4）后发球线就是底线。发球在这两条线之间才有效。

（5）双打的前发球线和单打一样，都是最前面的一条线。

9）比赛用球的要求

羽毛球应有16根羽毛固定在球托部，羽毛长64毫米～70毫米，但每一个球的羽毛从托面到羽毛尖的长度应一致。羽毛顶端围成圆形，直径为58毫米～68毫米，球托直径为25毫米～28毫米，底部为圆形，羽毛球重4.6克～5.50克。对于比赛用球，必须经过检验才能用，正确方法是站在端线，低手向前上方全力击球，球的飞行方向与边线平行，一个合格的球，应落在离对方端线53厘米～99厘米处。

羽毛球运动秘籍——怎样让羽毛球更耐打？

准备一碗烧开不久的水，将羽毛球的球毛部分浸入水中2～3分钟，注意不要让水浸到球头部分，水温不能低了，如水凉了要及时换成开水。浸泡完毕后将球取出阴干，注意一定要阴干。阴干后就可以使用了，这样处理过的羽毛球韧性较好，只要不直接打在球毛上，球的耐打性会提高不少。特别要注意，如果处理后没有在5～6天内使用，应该重新处理一次。另外，如果买到的是鸭毛球，由于其结构和强度远逊于鹅毛，处理的效果会不好。其原因是，鸭毛油脂比鹅毛多；鸭毛海绵体不容易吸收水蒸气，所以效果不明显。

日常练球时应当遵守以下礼仪：

（1）要主动捡球。当球落地时，一般情况下，由球所在场地一方捡球。球触网落在中间时，双方都应该主动上前捡球。不要因为是对方打下网的，就站在原地不动。

（2）不要急着捡球。初学打羽毛球时肯定会出现满场找球的场面，但是当你的球滚入邻场而邻场的球员正在练球时，请耐心等待别人击球结束。此时你若贸然入场捡球会影响别人打球，还可能遭到“飞来横祸”。别人帮你捡了球，不要忘记说一声“谢谢”。

（3）要发球时先看一看对方是否已做好了接球的准备，最好将球举起来示意一下。不要连看都不看就将球发出去，这样别人很可能接不到球，这也是对对手的不尊重。

（4）不要从球网上面跨过，这不是展示你跳高才能的时候。任何时候都不要触压球网，即使你在和对方进行语言上的交流。

（5）练球时，当对方的回球靠近底线时，应主动告诉对方，他打过来的球是界内、界外还是压线。

（6）练球时当你击球出界或还击下网时，尽管你不是有意如此，但也应该向对方说声对不起。

（7）若多人同时用一个场地，场上球手不要占着球场一直练。

（8）打球时要带上自己的球、球拍、饮用水、护腕等。打球不带球，总是借别人的球用会被认为很小气。若认为球已经损坏比较严重需要换球，应该主动拿自己的球替换，同时应将坏的球放置在不影响打球的地方。

第十章 网 球

网球与高尔夫球、保龄球、台球并称为世界四大绅士运动。网球的起源可以追溯到12～13世纪法国传教士在教堂回廊里用手掌击球的一种游戏。后来成为宫廷里的一种室内消遣娱乐活动。1875年，英国板球俱乐部制定了网球比赛规则。1877年7月由全英板球俱乐部在温布尔顿举办了第一届草地网球赛。网球(Tennis)是一项优美而激烈的运动，网球运动的由来和发展可以用四句话来概括:孕育在法国，诞生在英国，开始普及和流行在美国，现在盛行全世界，被称为世界第二大球类运动。

网球运动集多种技术于一体，要求参与者判断准确、反应快速、击球有力、沉着冷静、富有变化和坚持不懈。有利于锻炼体魄、增强自信，是促进身心健康和人体机能全面发展的运动项目。

第一节 网球基本技术

一、入门常识

1. 握拍方法

网球拍握法分为东方式握拍法、大陆式握拍法和西方式握拍法。下面均以右手持拍进行讲解，左手持拍则方向与之相反，如图10-1-1所示。

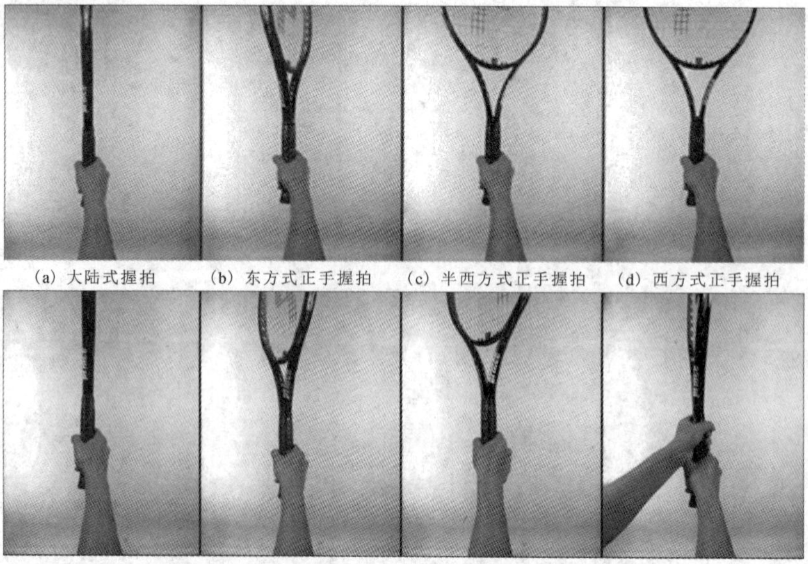

(a) 大陆式握拍 (b) 东方式正手握拍 (c) 半西方式正手握拍 (d) 西方式正手握拍

(e) 大陆式反手握拍 (f) 东方式反手握拍 (g) 超东方式反手握拍 (h) 双手反手握拍

图10-1-1

1）大陆式握拍法

这种握拍法起源于欧洲大陆，故得此名。此握拍法对处理低球很适合，对于上网截击和处理网前球也很有利，对某些人处理齐腰的高球也方便，适合于臂力、腕力都较强的人。但是这种握拍姿势对于过高的来球，不易控制拍面，因手握在拍柄的上方，故打高球不太方便。它与东方式握拍的不同之处是大陆式握拍法对正、反手击球都无须变换握拍，而始终如一。大陆式握拍法是将球拍侧立，从上而下握拍，犹如手握铁锤柄的姿势。正确的握拍方法是虎口对拍柄上楞面正中间，手掌根抵住拍柄上部的小平面，拇指直伸围住拍柄，食指下关节紧贴拍柄右上斜面，无名指和小指都紧贴拍柄。

2）东方式握拍法

这种握拍方法因广泛使用于美国东部的沙土场地而得名，分正手和反手两种握法。这种握拍方法的优点是对高一些或低一些来球，都能用正、反手击球。而大陆式或西方式握拍法却无此优点。东方式正手握拍法亦称“握手式”握拍法。拍面与地面垂直，手握拍柄好像与人握手一样。准确地说，用握拍手的虎口对正拍柄右上侧楞，手掌根与拍柄右斜面紧贴，拇指垫握住拍柄的左垂直面，食指稍离中指，食指下关节压住拍柄右垂直面，五指握紧拍柄。这种握法能增大正手击球的力量。东方式反手握拍法是从正手握拍法把手向左转动 1/4，即 90°角(或拍柄向右转动 1/4，即 90°角)，使虎口对正拍柄左侧楞面上，即用手掌根压住拍柄的左上斜面，拇指直贴在拍柄的左垂直面上，食指下关节压住拍柄右上斜面。正、反手变换握拍是当球打到另一侧时，必须变换握拍法迎击。变换握拍始于准备运动时，用左手扶住球拍颈部，在球拍向后摆动准备击球之前，握拍必须调整完毕。

3）西方式握拍法

此握拍法是在美国西部加利福尼亚州的水泥硬地球场上发展起来的。这种握法的正、反手击球都使用网拍同一个面，用这种握法，在打反弹球时，正手能打出强劲的上旋球，反手多打斜球。特别适合打跳球和齐腰高球，但对截击球和低球，特别是反手近网球，极不方便。因此这种握法在现在的硬地网球中逐渐被淘汰。西方式正手握拍法是拍面与地面平行，用手从拍上面抓住拍柄，手掌根贴在拍柄右下斜面，拇指和食指都不前伸，拇指压在拍柄上部小平面，食指下关节握住拍柄的右下斜面。西方式反手握拍法即正手握拍后，把球拍上下颠倒过来，用同一拍面击球。

4）双手握拍法

此握拍法一般是两只手采用东方式握拍。这种握拍法对于力量不足的人打球可以增加挥拍力量，便于打出上旋球，但缺点是对步法要求高，步法移动慢的人到位率低，不易掌握。对两只手臂协调配合及用力均匀程度要求高，协调能力差的人不易掌握。目前，双手握拍法多用于打反手球。双手反手握拍法是右手用东方式反手握拍法，握在拍柄端部，左手为东方式正手握拍法，握住右手的上方。

学习提示：网球的握拍不是一成不变的，应根据不同的击球技术而变换，恰当合理的握拍有助于更好地控制击球。

2. 移动步法

无论是在网球比赛过程中，还是在练习过程中，为能完成好每一次击球，我们总是需要使我们的身体，从静止状态快速向着来球方向移动，以便与球保持合理的位置关系，为击球提供最基本的保障。

1）准备姿势

膝关节弯曲，脚跟提起，上体稍前倾，两脚不停地跳动，眼睛注视来球方向。

2）步法及要点

并步、垫步、交叉步、跨步、滑步等短距离步法以及折返跑、冲刺跑、侧身跑等中长距离步法。移动时应大步快速、小步调整、稳定制动、力求简捷。

3）练习方法

徒手练习前、后、左、右移动脚步的动作。持拍练习前、后、左、右做各种击球的挥拍步法。利用跳绳练习单脚跳、双脚跳、移动的单脚交替跳，并采用多球法进行步法练习。

学习提示：步法练习枯燥、重复，但必不可少，需要坚强的意志。可以结合身体素质练习共同进行，也可以结合场地器材变换形式或组合练习。

二、击球技术

击球技术是网球运动的核心，包括正手击球、反手击球、削球、挑高球等击打落地球技术，截击、高压球等击打空中球技术，以及发球技术。以下以右手持拍为例，介绍几种常用的击球技术。

1. 正手击球技术

正手击球技术如图 10－1－2 所示。

1）正手击球的准备姿势

正面对网，两脚自然开立约与肩同宽，两膝微屈，重心放在前脚掌上，上体略向前倾，两手持拍置于腹前，左手扶住拍颈，拍头与手腕平高或略高于手腕，右手采用正手握拍的方法。同时，两脚可不停地轻微跳动，使身体重心随时可以向任何方向起动。

(a)

(b)

图 10－1－2

2）正手击球动作

当判断来球是正拍时，重心前移，左脚前踏，左肩对网，左脚与底线约成 45°角，右脚与底线平行。尽早地向右转体，展胸挥臂向后引拍，准备击球。击球时应上体回转，以肩关节为轴，手腕固定，用大臂带动小臂、手腕及球拍加速前挥。球拍面在整个挥击过程中保持与地面垂直，击球瞬间拍头与手腕平齐，球拍从后引开始到向前挥击应是一个连贯的动作。击球结束后，球拍继续向前挥送，放松屈肘随动作结束于左肩上方。

3）击球点和高度

击球点一般在左脚右侧前 90 厘米～120 厘米处，高度与髋关节相同。这个位置击球是最有力量的。

4）动作过程

判断来球→移动脚步→转体引拍→发力击球→放松随挥→还原准备。

5）易犯错误与纠正

易犯错误与纠正方法如表 10－1－1 所示。

表 10－1－1　易犯错误与纠正方法

现　　象	原　　因	纠正方法
球触拍失控，松懈无力	手腕松动，未击中球点	眼睛紧盯来球，击球瞬间握紧球拍
球不能控制好方向	击球点不当，或前，或后	加强对球的预判，加强步法练习
球打不深	引拍不够，缺乏转体与挥拍前送	加大引拍，随挥动作加多前送

2. 双手反手击球技术

双手反手击球是在网球比赛中经常使用的技术动作，如图 10－1－3 所示。

图 10－1－3

1）双手反手击球动作要领

(1) 注视来球，而不是看对手。

(2) 迅速移动到击球位置，并正确做好后摆。

(3) 击球时，前臂保持伸直，手腕要绷紧。重心前移，以产生足够的力量。

(4) 当球离开球拍时，重心要落在前脚上。

(5) 挥拍稍向上，球拍随球送出。在身体另一侧的高处结束挥拍动作。

2）双手反手击球技术动作

当判断来球是反拍时，右手按东方式正拍握法握住球拍，左手放在右手前面，大把握住球拍，两手靠近。重心前移，右脚前踏，身体左转，右肩对球，使身体形成侧身对网，协调挥臂向后引拍，准备击球。击球时应上体回转，以腰为轴，双手固定球拍，保持水平，推送球拍加速前挥。球拍面在整个挥击过程中保持与地面垂直，击球瞬间拍头与手腕平齐，球拍从后引开始到向前挥击应是一个连贯的动作，球拍触球后两臂尽量向前伸够，直到球拍和两臂形成一条直线。击球结束后，球拍继续向前挥送，放松屈肘随动作结束于右肩后方。

3）易犯错误与纠正方法

易犯错误与纠正方法如表 10－1－2 所示。

表 10－1－2　易犯错误与纠正方法

现　　象	原　　因	纠正方法
击不到球	步法不到位，击球点不准确	加强球性练习，多打原地球
球的飞行线过高，球出界	触球拍面后仰，身体重心靠后，向前推送不够	早引拍，迎前击球，左手主动推送
击球无力	身体重心高，转体动作小，随挥不充分	降低接球的重心，腿、腰、臂协调发力，完成随挥动作

3. 单手反手击球技术

单手反手击球技术动作如图 10－1－4 所示。

图 10－1－4

动作要点：单手反手击球时应尽快侧身，使肩膀几乎和来球飞行路线平行。自动地带着球拍向后引拍，因为没有太多准备时间，打反手击球不要像打正手球那样后摆引拍过大，必须弯腰屈膝使重心下降，夹臂转体使重心移至后脚，击球时能向前转移重心，增加球速。打反手球时，要绷紧手腕，拍面与地面保持合适的角度，尽力做到前脚之前击球，前挥动作略为向上，使球接触拍的时间尽可能长，时间越长越容易控制球。击球结束后，展胸舒臂使拍头指向球的目标方向。

三、截击球

网球比赛中，截击球是重要的得分手段，良好地运用上网截击技术可以促使迅速得分，还可以鼓舞士气，如图 10－1－5 所示。

图 10－1－5

1. 网球截击球的准备姿势

两脚自然开立约与肩同宽，重心放在前脚掌上，足跟提起，两手持拍置于胸前，拍头竖起在眼前，两肘离开身体，上体微前倾，两眼注视来球，成为一个可向任何方向移动的待发状态。

2. 网前截击的动作要领

手腕略竖起，拍头高于手腕。引拍动作要小，要用举拍、转肩、转体来带动上臂，肘要离开身体，不要夹臂。击球时以肘为轴，肩关节固定，随身体向前转动，固定腕关节，使手掌、网拍和球在一条直线上，击球刹那间屏住呼吸。击球后随挥动作很小，身体重心移动不大。

3. 截击球击球动作

截击球是一个短暂的撞击动作，网拍后引动作小，不要过肩，大小臂之间不要大于90°角，后引时要使肘领先小臂和拍子。击球点要处在身前，如果球落在体侧或身后，就变成挡球了，完全失去了控制球的能力。若击球点太靠前，就会去够球，结果是拍子向前下方挥动，造成击球下网或失掉重心。击球点高度应以眼睛高度为佳。

4. 网前截击球站位

原则上越靠近球网越好，这样控制角度大，但是因为在完成截击动作时还要向前迈步，还要侧身对网，所以一般根据自己的身高和臂长距球网1米～2米即可，最远不要超过3米，再远就变成中场截击球了。如果过于近网，还容易造成过网击球或者触网。双打站位也是这个距离，但不在中线附近，而是站在自己一侧靠近单打边线的附近位置上，另半场留给同伴。

四、高压球

高压球技术又叫扣球，是网球比赛得分的重要技术手段，如图10－1－6所示。

图10－1－6

其动作要点如下：

1. 侧身举拍

在调整过程中就应该侧身对球，举起球拍准备击球。

2. 调整位置

跟球移动到了球后，要注意调整自己的位置以利于击球。移动跟球，当对方挑高球时，应迅速根据来球位置移动，切不可在原地等球。

3. 目视来球

眼睛注视来球，正确判断来球方向和位置。左手指向空中来球，右手持拍于肩上，准备击球。

4. 扣腕击球

选好击球点，一般击球点在身体前方、头的上方。如果准备打反弹球，则球应该落在前脚趾前面，越接近脚趾越好。手腕扣击动作是高压球发力的关键，收腹、转肩、挥臂使球拍前挥时通过手腕的扣击动作使拍头加速，加大扣球力量。在击球的瞬间，手臂、手腕和球拍在同一条直线上，身体也应略向前倾。击球后扣腕动作仍要继续到身体的另一侧，像发球那样完成随挥动作。在挥拍击球同时，身体重心跟进，增加击球力量。

五、发球

发球是网球比赛的开始，是最重要的技术，是唯一不受对方限制的一种网球技术，发球技术也是网球训练的重点环节之一。发球包括平击式发球、切削式发球、上旋式发球，如图 10－1－7 所示。

图 10－1－7

1. 准备姿势

右手握拍柄，左手持球，站在底线后 3 厘米～5 厘米处，两脚自然开立约与肩同宽，身体重心放在两脚之间，用东方式握拍法，左手持球并扶住拍头颈部，承担网拍重量。右手轻轻扶握拍柄，全身充分放松，两肩下沉，右区发球站在靠近中点处，左脚与底线成 45°

角，右脚与底线平行，左肩侧对球网。

2. 抛球与引拍

由准备姿势开始，身体重心后移，随着球拍后引动作，左臂伸直上臂再向前、向上将球抛出，手腕领前，以托送的方式将球抛起，同时右臂自然下落经体侧后引，做自下向后、向上的绕环动作，当拍子与肩同高时转肩，同时向右转体40°～50°，屈膝，展肩，挺胸，身体重心由前脚移至左脚，左膝向前弓出，右膝顺势弯曲，此时身体形成最大限度的背弓，左臂伸展指球，右臂持拍肘关节向上，拍头向下，完成“搔背动作”。

3. 挥拍击球

当球下降接近最高击球点时，身体借下蹲之势迅速蹬地转体、转肩，带动右臂上举球拍，大小臂协调配合，以小臂的内旋动作和强力扣腕似“鞭打动作”将球击出。

4. 随挥动作

击球后，下肢因双脚蹬地发力而向前、向上形成跳跃，双脚落地后身体重心前移；右臂随击球继续保持充分伸展，向前下方挥摆，使球拍挥至身体的左侧，左臂自然弯曲收于腰腹部，辅助持拍，保持平衡，准备下一次击球。

5. 发球的击球点和击球高度

一般来说，发球时，球抛在头的上方或上方稍前，发球力量越大，击球点越向前移。平击发球，往往抛在身体重心投影前60厘米左右处。抛球的高度原则上是击球的最高点(即发球可以触及到球的最高点)的刹那间将球击出。

6. 易犯错误与纠正方法

易犯错误与纠正方法如表10-1-3所示。

表10-1-3　易犯错误与纠正方法

现　象	原　因	纠正方法
球抛不稳	球离手过早	练习抛球，力争抛球结束后手臂静止不动，球落回手中
击球点低	动作不连贯，主动击球意识差	多进行挥拍模仿动作，力争在最高点击球，增加抛球高度

第二节　网球基本战术

一、单打战术

1. 战术的指导思想

1)“稳”字当头

比赛中，要有耐心，击球要稳，不要滥用自己还不熟悉的打法或想一下把对方置于死地的冒险球。因为这样打球所付出的代价比收获的大。一般击球落点在距边60厘米以内的区域。

2）把球打深

无论进攻型或防守型的选手，都遵循一个原则是把球打深。球的落点在离端线60厘米～90厘米处，以使自己有充裕的时间对回击作出反应，并能阻止对方上网以及缩小对方回球的角度。

3）争取上网截击

上网截击可以使自己的击球范围增大，让对方急于应付或失误，同时提高了回球速度，使对方来不及调整位置接球。

2. 单打战术

1）发球上网

发球时发出质量较高的球，使对方的回球不至于力量太凶猛或落点刁钻。自己应果断地上网，移动到发球线与网之间，利于发挥速度和角度造成对方失误。如果机会不是很好，第一次截击可将球打深，落点在对方的弱侧，以第二次截击得分。

2）底线打法

底线打法是首先要将球打深，球落在端线前而不是发球线附近。同时利用落点调动对方，或者抓住对方的弱点作为突破。在有机会的情况下也可上网截击。

3）综合打法

根据对手的情况，采用不同的打法。如对方频频上网，可采用挑高球迫使他退回去；如对方底线技术很好，可适当放一些小球诱使他上前，再用力将球打深来调动他。综合打法就是将底线和上网两种打法结合起来，根据场上情况随机应变。

二、双打战术

双打是网球比赛中重要的比赛项目，在团体赛中，有二场双打，在大型比赛中，双打在单项比赛中占重要的位置，比如奥运会、亚运会单项比赛就有男、女双打，混合双打。所以研究双打比赛的战术对网球运动的发展，运动成绩的取得都具有举足轻重的作用。

1. 发球及发球抢攻战术

网球双打运动员的打法类型主要是一前一后型打法，其他打法所占比例甚小，所以在战术介绍中，以介绍一前一后型打法战术为主，兼顾其他各类打法。

1）发球前的站位方法

网球规则规定，发球前发球员必须站在端线及其假定延长线之后。所以如果发球员在右发球区发球时，其同伴可以站在左发球区靠近球网的任何地方，形成一前一后的站位。

2）发球及发球抢攻的战术

本方发球时，发球员发完球后，快速向网前移动，并进行抢击接球员的接发球。集发球上网和抢击于一身，多个动作要连接熟练、一气呵成，所以发球时抢攻对接球方威胁较大。网球双打比赛中，发球方需在两个方面加强，一是发球的质量高，无论是上手平击发球，还是上手旋转发球，都要达到速度快(或旋转强)、落点好(内、外角变化自如)的基本要求；二是一发的命中率要高。这样发球时，才能具备发球、上网、抢击的条件。

2. 接发球及对击中的战术

在双打比赛中，接发球或对击是双方运动员比赛的常见形式，以底线同伴控制局面、调动对手，网前同伴伺机进攻、截击得分是获胜的重要手段。所以运动员"对击战术"掌握的程度，是比赛双方谁能获胜的关键。运动员在接发球和对击时的主要战术与主要阵势如下。

1）一前一后阵势

在比赛中，一人在底线，一人在网前的比赛形式，叫作一前一后阵势。这种阵势是网球双打比赛的主要阵势，国内外优秀选手都采用这种阵势。这种阵势的特点是两名运动员的特点突出、分工明确、配合合理、攻守兼备。底线队员以底线正、反手击球技术为特长，不仅击球的速度快、落点准而且变化多。在比赛中，通过各种技术控制局面、调动对手、攻击对方。网前队员以中前场拦、截技术较突出，在网前通过各种动作迷惑对手、干扰对方、突然出击、截击得分。

2）双底线阵势

两名运动员都站在底线进行双打比赛的形式叫作双底线阵势。这种阵势的特点是两名运动员的优缺点明显且相同，防守能力较强，攻击能力较弱。在比赛中，完全采用这种形式的运动员极少，但在比赛中作为一种过渡的手段应用，却是屡见不鲜的。

3）双上网阵势

两名运动员都站在中前场与对方进行比赛的形式叫作双上网阵势。这种阵势的特点是两名队员技术比较全面、能前能后、能上能下，不仅能在底线对击，而且能到网前截击，能守善攻，战术变化灵活。目前世界高手多数具备这种能力。

第三节 网球比赛规则

场地网球运动越来越受到广大群众的爱好，下面介绍一下网球场地的标准尺寸及平面图区域分布，如图 10－3－1 所示。

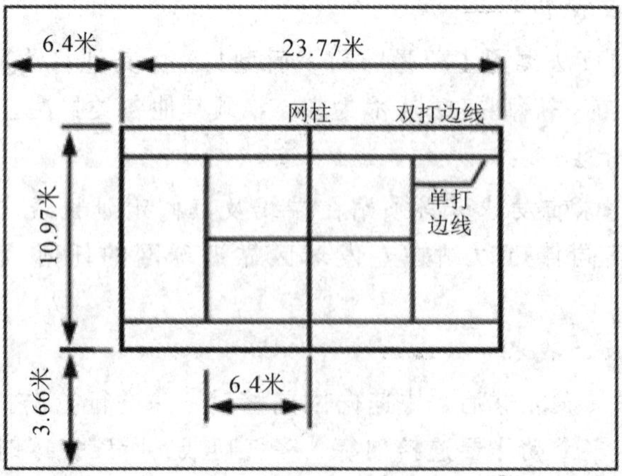

图 10－3－1

一、网球场地的大小

一个标准的网球场地，占地面积应不小于670平方米(长36.60米，宽18.30米)，其中双打场地标准尺寸为长23.77米、宽10.97米。如果是两片或两片以上相邻而并行网球场地，两片场地之间距离应不小于5米。这片长方形的角逐场再用球网横隔成两个等区。场上纵横交错的白线都有各自名称，球场两端的界线称为“端线”；球场两边的界线称之为“边线”；在球网两侧6.40米处的场内各画一条与端线平行的横线为“发球线”；连接两发球线的中点画一条与边线平行的线称为“中线”；中线与球网成“十”字形，将发球线与边线之间的地面分成四个相等的区域称为“发球区”；在端线的中心，向场内画一条垂直于端线的短线称为“中点”。全场各区的丈量，除中线外都从各线的外沿计算，场上所有的线应是同一颜色(白色或黄色)。

二、球网

单打球网长为10.06米，双打球网长为12.8米，球网上沿用5厘米～6.3厘米宽的白色帆布包缝，并用直径不超过0.8厘米的钢丝绳穿起来，挂在场中央离边线0.914米以外的网柱上，网柱高1.07米，球网应充分展开，完全填满两柱之间的空隙，球网网孔大小以不让球穿过为准。球网的中央高为0.914米，并用5厘米宽的白布带束于地面。要求球网的下边须和地面接触。网球场地周围空地端线以外至少要有6.40米的空地，边线以外至少要有3.66米的空地，如果是室内网球场，端线6.40米以外的上空净高应不少于6.40米，室内屋顶在球网上空的净高不少于11.50米。国际网联规定，室内馆球场上空的净高应为12.50米。

三、网球比赛规则简介

1. 比赛

网球比赛分为单打和双打两种形式，球员用网球拍将球击过网，落入对方的网球场地上。每位球员的目的都是尽力将球打到对方的场地上去，就这样一来一回，直到有一方将球打出界或没接到球为止。

2. 发球

在网球正式比赛前，需要确定比赛由谁先发球。整个比赛中，双方网球球员轮流发球，发球员在发球前应先站在端线后、中点和边线的假定延长线之间的区域里。发出的球应从网上越过，落在对角的对方发球区内。每局开始先从右区端线后发球，得或失一分后，应换到左区发球，以此类推。通常发球是将球向空中任何方向抛起，在球落地之前用球拍击球。不过，也可以使用臂下发球。

3. 失误

如果球落在对方发球区外，比如球出线或触网，都称为失误，发球员就要再次发球。落在边界上的球算在线内。若发球两次失误，就叫“双误”，那对手就赢一分。如果发球员在发球时脚离开了原基线，也算失误。要是发球触网，但球仍落进了对方的发球区，则为重发球。

4. 局

网球每局的开始比分是0∶0，第一分球记为15，所以，若发球员赢了这分球，比分就变为15∶0，若接球员赢了这分球，比分就为0∶15(比号前面给出的是发球员的分数)。球员的第二分球为30，接下来为40(在历史上，这些数字代表1/4小时，即15、30、45，但45后来改为了40)。若对方球员只有30或还少于30的话，那下一个球就能赢了这一局(因为每局比赛中，至少要比对手多2分球才能结束该局比赛)。如果双方球员都达到了40，此时称为“局末平分”。随着接下来的这一分，占先的球员会尽力领先2分，以赢得这一局。同时，紧追不舍的对手也努力扳平分数又达到“局末平分”，占先的球员赢了下一分，也就赢了这一局。

5. 盘

网球比赛中如果对手落后至少两局，那么先赢得6局的球员就赢了一盘。但是，若这盘是6∶5，那么双方就要再打一局。若占先者赢了，即该盘比分为7∶5，判占先者赢得此盘。然而，若另一个球员把这盘扳平为6∶6，那就由决胜局(抢七局)决定谁为胜者。

6. 赛

在网球3盘赛中，先赢得2盘者为胜者，即为3盘2胜制；在5盘赛中，先赢得3盘者为胜者，即为5盘3胜制。在决胜局(抢7局)中，要本该轮到发球的球员先发第1分球，对手接着发第2、3分球，然后双方轮流发2分球。先得7分的球员若至少领先了对方2分，那么他就赢了该盘比赛。每6分球和决胜局结束都要交换场地，不过也有例外。如果按照事先的约定，比赛采取长盘制，则没有决胜局，只有比对方多胜两局才能赢得该盘比赛。

7. 比赛形式

排名在前16位的选手称为种子选手，并尽可能将他们合理分组，以使这些种子选手和那些来自同一个国家的球员在比赛中不至于过早相遇，同样按此原则选出双打的前8名种子选手。

网球赛也是一种淘汰赛，一旦一场比赛失败，就会被淘汰出局，除了男子和双打决赛最多打5盘以外，其他的所有比赛最多打3盘。在最终剩下的4组选手中，半决赛赢者继续争夺金银牌，半决赛输者争夺铜牌。

8. 网球的发球规则

1) 网球发球前的规定

发球员在发球前应先站在端线后、中点和边线的假定延长线之间的区域里，用手将球向空中任何方向抛起，在球接触地面以前，用球拍击球(仅能用一只手的运动员，可用球拍将球抛起)。球拍与球接触时，就算完成球的发送。

2) 网球发球时的规定

发球员在整个发球动作中，不得通过行走或跑动改变原站位的位置，两脚只准站在规定位置，不得触及其他区域。

3) 网球发球员的位置

(1) 每局开始，先从右区端线后发球，得或失一分后，应换到左区发球。

(2) 发出的球应从网上越过，落到对角的对方发球区内，或其周围的线上。

4）网球发球失误

未击中球，发出的球在落地前触及固定物（球网、中心带和网边白布除外），违反发球站位规定。发球员第一次发球失误后，应在原发位置上进行第二次发球。

5）网球发球无效

发球触网后，仍然落到对方发球区内，接球员未做好接球准备，均应重发球。

6）网球交换发球

第一局网球比赛终了，接球员成为发球员，发球员成为接球员。以后每局终了，均依次互相交换，直至比赛结束。

9. 网球的双打规则

网球单打规则均适用于双打，但网球双打规则也有自己的特殊规定。

1）网球双打发球次序

应在每盘开始之前决定发球次序，即每盘第一局开始时，由发球方决定由何人首先发球，对方则同样地在第二局开始时决定由何人首先发球，第三局时由第一局未发球的球员发球，第四局由第二局未发球的球员发球。以下各局均按此次序轮换发球。

2）网球双打接球次序

与发球次序一样，在每盘开始之前要决定接球次序，即先接球的一方应在第一局开始时，决定何人先接发球，并在这盘单数局继续先接发球。对方同样应在第二局开始时决定何人先接发球，并在该盘双数局继续先接发球，他们的同伴应在每局中轮流接发球。

3）网球双打中发球次序错误与接球次序错误

发球次序错误应在发觉时立即纠正，但已得的分数或已造成的失误都有效。如发觉时全局已经终了，此后发球次序就以该局为准轮流发球。接球次序错误发觉后仍按已错误的次序进行，等到下一接球局再行纠正。

10. 网球计分方法

1）胜一分

遇到下列情况时，判对方胜 1 分。

(1) 发球员连续两次发球失误或脚误时。

(2) 接球员在发来的球没有着地前用球拍击球，或球触及自己的身体及所穿戴的衣物时。

(3) 在球第二次落地前未能还击过网时。

(4) 还击球触及对方场区界线以外的地面、固定物或其他物件时。

(5) 还击空中球失败时。

(6) 在比赛中，击球员故意用球拍拖带或接住球，或故意用球拍触球超过一次时。

(7) “活球”期间运动员的身体、球拍（不论是否握在手中）或穿戴的其他物件触及球网、网柱、单打支柱、绳或钢丝绳、中心带、网边白布或对方场区以内的场地地面。

(8) 还击尚未过网的空中球（过网击球）。

(9) 除握在手中（不论单手或双手）的球拍外，运动员的身体或穿戴的衣物触球。

(10) 抛拍击球时。

(11) 比赛进行中，运动员故意改变其球拍形状。

2) 胜一局

运动员每胜一球得 1 分，先胜 4 分者胜一局。但遇双方各得 3 分时，则为“平分”(duece)。“平分”后，一方先得 1 分时，为“接球占先”(advantage serve)或“发球占先”(advantage)。占先后再得 1 分，才算胜一局(其中得 1 分为 15，2 分为 30，3 分为 40)。

3) 胜一盘

一方先胜 6 局为胜一盘，但遇双方各得 5 局时，一方必须净胜两局才算胜一盘。

4) 决胜局(tie break，也叫抢七局)

在每盘的局数为 6 平时，进行决胜局，先得 7 分为胜该局及该盘，若分数为 6 平时，一方须净胜 2 分。

第十一章　健　美　操

健美操是以人体为对象，以健美为目标，以肢体锻炼为内容，以艺术创造为手段，融体操、舞蹈、音乐于一体的体育锻炼项目。健美操的主要教学目的是将丰富多彩的动作传授给学生，使之通过练习养成正确的身体姿态；发展学生的协调性、灵活性、柔韧性和耐久性；改善心血管系统功能，提高人体的有氧代谢能力；培养节奏感及现代美的气质。

第一节　健美操的内容

成套健美操的动作是由单个动作所组成的，它来源于徒手体操、艺术体操和舞蹈等的动作。

一、徒手体操动作

徒手体操动作是健美操动作最基本的内容，它是由头颈、上肢、胸部、腰部、下肢等部位的屈、伸、转、绕、举、摆、振等基本动作构成的。只有正确地掌握徒手体操动作，才有可能协调、准确地完成健美操动作。徒手体操与健美操在完成的方法上有较大的区别，主要表现在动作节奏、运动方向、路线以及造型等方面。由于健美操中增加了新颖、独特的手形和步伐，特别是髋部动作，所以健美操动作更加丰富多彩。

二、艺术体操徒手动作

波浪动作是艺术体操的典型动作。此外，摆动、环绕、屈伸、平衡、转体、跳步、舞步及近似技巧动作等也是健美操动作的内容。艺术体操的徒手练习不仅能培养人们对动作的美感，而且能有效地增强身体素质，提高协调性，增加成套动作的难度价值。

三、现代舞中的简单动作

健美操中大量吸收了迪斯科舞、爵士舞、霹雷舞中的上下肢、躯干、头颈和足踩动作，特别是髋部动作，这给健美操增添了活力，同时，也有利于减少臀部和腹部脂肪的堆积，有利于改善动作的协调性和灵活性。此外民间舞中的许多动作，基本体操中的队列、队形变化也是健美操的内容之一。

第二节　健美操的分类

健美操可分为竞技健美操和健身健美操两类。

竞技健美操是在音乐伴奏下，通过难度动作的完美完成，展示运动员连续表演复杂和高强度动作的能力。成套动作必须通过所有动作、音乐和表现的完美融合体现创造性。

竞技健美操目前大致分为 3 种比赛。

（1）全国健美操比赛。

（2）全国职工健美操比赛。

（3）全国大学生健美操比赛。

竞技健美操在练习场地的大小、练习人数的多少、特定动作、动作节奏快慢等方面有严格统一的标准，必须按规则进行，不得擅自更改。

健身健美操的目的在于增进健康，可为社会不同年龄层次的人所采用。它根据练习对象的需求进行创编，动作简单易学，节奏稍慢，时间长短不等，可编排 5 分钟到 1 小时。目前我国健身健美操运动开展非常广泛，各种成套健美操动作的练习时间、场地、人数、内容、动作名称、节奏快慢等没有统一的标准，可以根据练习者的需要进行编排。

第三节　健美操基本动作

健美操基本动作是由上肢动作和下肢动作组成的，其中上肢动作包括基本手形和基本手臂；下肢动作是由七个基本步伐组成的，所有步伐可按冲击力分为无冲击力步伐、低冲击力步伐和高冲击力步伐三种。在健身健美操中还会有低冲击力步伐与高冲击力步伐结合运用；根据动作完成形式的不同，可以分为点地类、交替类、迈步类、抬腿类和双腿类五种。

一、基本手形

1. 并掌

并掌是指五指并拢，从掌根到指尖保持直线，如图 11-3-1 所示。

图 11-3-1

2. 开掌

开掌是指五指张开，所有手指尽可能张开到最大限度，如图 11-3-2 所示。

图 11-3-2

3. 指掌

指掌分为一指、两指、三指，如图 11－3－3 所示，适合运用在风格性动作当中。

图 11－3－3

4. 花掌

花掌又称为“西班牙手形”，在开掌的基础上，大拇指向外，小手指向内扭转，如图 11－3－4所示。

图 11－3－4

5. 立掌

立掌是在并掌的基础上，手腕上翘，使掌面垂直于地面，如图 11－3－5 所示。

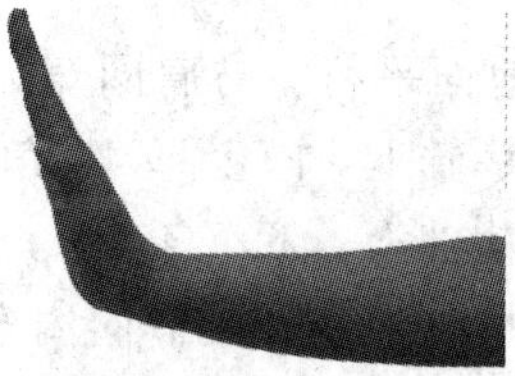

图 11－3－5

6. 抓掌

抓掌是在开掌的基础上，从小手指开始，依次向内收，最后成握拳，如图 11－3－6 所示。

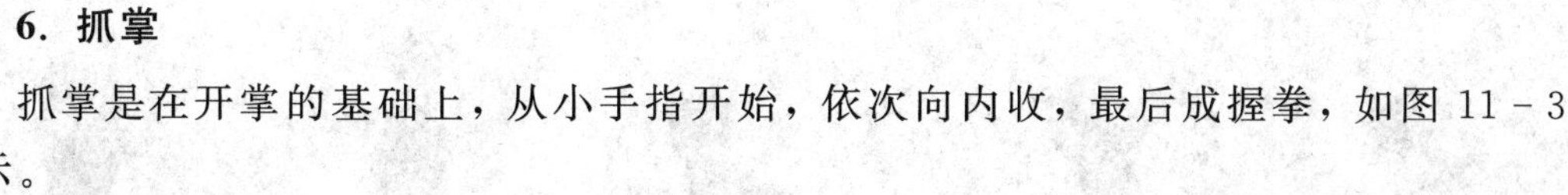

图 11－3－6

7. 握拳

握掌是指五指并拢弯曲，大拇指在外按到中指处，如图 11－3－7 所示。

图 11－3－7

二、身体各部位基本动作

1. 上肢动作

（1）自然手臂：双臂自然下垂，垂直于地面，如图 11－3－8 所示。

（2）侧平举：双臂与地面平行，成一条直线，如图 11－3－9 所示。

（3）上举：双臂上举，贴近耳处，垂直地面，如图 11－3－10 所示。

（4）侧上举：在上举的基础上，打开 45°角，如图 11－3－11 所示。

（5）侧下举：在侧平举的基础上，双臂下沉 45°角，如图 11－3－12 所示。

图 11－3－8

图 11－3－9

图 11－3－10

图 11－3－11

图 11－3－12

（6）前平举：双臂向前伸，与地面平行，与肩同宽，如图 11－3－13 所示。

（7）前上举：双臂在前平举的基础上，向上举 45°角，如图 11－3－14 所示。

（8）前下举：双臂在前平举的基础上，下沉 45°角，如图 11－3－15 所示。

（9）肩上举：双臂在侧平举的基础上，肘关节向内弯曲于肩上，如图 11－3－16 所示。

（10）胸前肘屈：双臂在侧平举的基础上，肘关节弯曲于胸前，与肩同宽，垂直地面，如图 11－3－17 所示。

图 11－3－13

图 11－3－14

图 11－3－15

图 11－3－16

图 11－3－17

（11）胸前平屈：双臂在侧平举的基础上，肘关节弯曲，小臂位于胸前，与地面平行，如图 11－3－18 所示。

（12）胸前交叉：双小臂胸前交叉，如图 11－3－19 所示。

（13）胸前握掌（击掌）：双手在胸前握掌或击掌，如图 11－3－20 所示。

（14）双手叉腰：在侧下举的基础上，小臂弯曲至腰处，如图 11－3－21 所示。

图 11－3－18

图 11－3－19

图 11－3－20

图 11－3－21

2. 下肢动作

1）点地类

（1）前点地：一腿屈膝站立，另一腿向前伸出，脚跟点地，如图 11－3－22 所示。

（2）侧点地：一腿屈膝站立，另一腿向侧伸出，脚尖点地，如图 11－3－23 所示。

（3）后点地：一腿屈膝站立，另一腿向后伸出，脚尖点地，如图 11－3－24 所示。

图 11－3－22

图 11－3－23

图 11－3－24

2）交替类

（1）踏步：两腿原地依次抬起，依次落地，交替进行。在动作中，膝关节和踝关节要有弹性，落地时，先从脚尖、脚掌、脚跟依次着地。

（2）走步：在原地踏步的基础上，进行行进间的步伐。注意向前走步时，脚跟先着地；向后走步时，脚尖先着地。

（3）一字步：以左脚为例，左脚向前迈一步，如图 11－3－25 所示；右脚再向前跟一步，右脚脚尖点于左脚脚掌处，如图 11－3－26 所示。然后从左腿开始，再依次还原。

（4）"V"字步：以左脚为例，左脚向左前侧方迈一步，如图 11－3－27 所示；右脚向右前侧方迈一步，如图 11－3－28 所示。然后从左腿开始，再依次还原。

图 11－3－25

图 11－3－26

图 11－3－27

图 11－3－28

(5) 曼步：以左脚为例，左脚向前方迈一步，如图 11－3－29 所示；屈膝，重心向前移，右脚原地踏一步，如图 11－3－30 所示；或者左脚向后侧一步，如图 11－3－31 所示，右脚原地踏一步，如图 11－3－32 所示。然后还原。

(6) 跑步：双腿经过腾空，依次进行落地缓冲。

图 11－3－29

图 11－3－30

图 11－3－31

图 11－3－32

3) 迈步类

(1) 并步：一脚迈出，如图 11－3－33 所示；另一脚随之并拢，屈膝点地，如图 11－3－34所示。然后反方向进行。

(2) 迈步点地：一脚迈一步，如图 11－3－35 所示；移动重心，另一脚原地点地，如图 11－3－36 所示。然后反方向进行。

图 11－3－33

图 11－3－34

图 11－3－35

(3) 迈步吸腿：一脚迈出一步，如图 11－3－37 所示；另一腿屈膝上抬，如图 11－3－38 所示。然后反方向迈步。

图 11-3-36

图 11-3-37

图 11-3-38

(4) 交叉步：以左脚为例，左脚向侧迈一步，如图 11-3-39 所示；右脚交叉在左脚后，如图 11-3-40 所示；左脚再向侧迈一步，如图 11-3-41 所示；右脚并左脚，脚尖点地，如图 11-3-42 所示。

图 11-3-39

图 11-3-40

图 11-3-41

图 11-3-42

4) 抬腿类

(1) 吸腿：一腿屈膝上抬，如图 11-3-43 所示；落下还原，如图 11-3-44 所示。然后反方向吸腿。

(2) 摆腿：一腿屈膝站立，另一腿向外，如图 11-3-45 所示；或向内摆动，如图 11-3-46所示。然后交替进行。

图 11-3-43

图 11-3-44

图 11-3-45

图 11-3-46

(3) 踢腿：一腿屈膝站立，另一腿向前，如图 11-3-47 所示；向侧，如图 11-3-48 所示。向后抬起，如图 11-3-49 所示。

图 11－3－47

图 11－3－48

图 11－3－49

（4）弹踢腿：一腿屈膝站立，进行弹动，另一腿向后屈腿，如图 11－3－50 所示；再向前下方弹出，如图 11－3－51 所示。然后反方向弹踢腿。

（5）后屈腿：双腿开立，如图 11－3－52 所示；一腿向后屈膝，落下还原，如图 11－3－53 所示。然后反方向屈腿。

图 11－3－50

图 11－3－51

图 11－3－52

图 11－3－53

5）双腿类

（1）弹动跳：双腿并拢，由踝关节和膝关节进行缓冲，跳起，如图 11－3－54 所示。

（2）分腿跳：跳起时，双腿分开，如图 11－3－55 所示；下落时，屈膝缓冲，如图 11－3－56所示。

图 11－3－54

图 11－3－55

图 11－3－56

（3）开合跳：由并腿跳起，如图 11－3－57 所示；双腿分开下落着地，如图 11－3－58 所示；屈膝缓冲，然后再由分腿跳起，如图 11－3－59 所示；并腿下落着地，如图

11－3－60所示。

图 11－3－57

图 11－3－58

图 11－3－59

图 11－3－60

（4）弓步跳：由并腿起跳，如图 11－3－61 所示；双腿前后分开，双脚平行落地成弓步，如图 11－3－62 所示；屈膝缓冲；然后再由弓步位置跳起，如图 11－3－63 所示；并腿落地，屈膝缓冲，如图 11－3－64 所示。

图 11－3－61

图 11－3－62

图 11－3－63

11－3－64

第四节　健美操基本步伐及组合动作

一、第一段(4×8)

（1）1～4 拍左腿开始原地踏步 4 次，如图 11－4－1 所示；5～8 拍左脚开始依次前点地 2 次，如图 11－4－2 所示。

（2）1～4 拍左腿开始原地踏步 4 次，如图 11－4－1 所示；5～8 拍左脚开始依次侧点地，如图 11－4－3 所示。

图 11－4－1

图 11－4－2

图 11－4－3

(3) 1～4 拍左腿开始原地踏步 4 次，如图 11－4－1 所示；5～8 拍左脚开始依次后点地，如图 11－4－4 所示。

(4) 1～2 拍左腿向左迈一步，右脚滑步脚跟着地，如图 11－4－5 所示；3～4 拍右腿开始原地踏步 2 次；5～8 拍动作与 1～4 拍相反。

图 11－4－4

图 11－4－5

二、第二段(4×8)

(1) 1～4 拍一字步，5～8 拍"V"字步。

(2) 1～3 拍左腿开始向前走三步，4～8 拍右腿开始吸腿三次。

(3) 与(1)相反。

(4) 与(2)相反。

三、第三段(4×8)

(1) 1～4 拍侧并步左右各 1 次，如图 11－4－6 和图 11－4－7 所示；5～8 拍向左交叉步，如图 11－4－8 和图 11－4－9 所示。

图 11－4－6

图 11－4－7

图 11－4－8

图 11－4－9

(2) 1～3 拍由左腿开始向外摆腿，向内摆，再向外摆，第 4 拍并腿；5～8 拍从右腿开始前踢腿 2 次。

(3) 与(1)相反。

(4) 与(2)相反。

四、第四段(4×8)

(1) 1～2 拍由左腿开始向左迈步点地，3 拍右腿迈步，4 拍左腿向外侧摆；5～8 拍左腿向右前方曼步。

(2) 1～4 拍左腿开始做后屈腿，同时向左转体 360°角；5～8 拍左腿向左迈步吸右腿 2 次。

(3) 与(1)相反。

(4) 与(2)相反。

第五节　健美操跳跃组合动作

一、第一段(4×8)

(1) 1～4 拍左腿开始向前跑步 4 次，5～8 拍左腿开始吸腿跳 2 次。

(2) 1～2 拍左腿开始向左侧并步跳，3～4 拍右腿向左腿后做曼步，5～8 拍相反。

(3) 1～4 拍左腿开始向后跑步 4 次，5～8 拍左腿开始吸腿跳 2 次。

(4) 与(2)相同。

二、第二段(4×8)

(1) 1～4 拍由左腿开始弓步跳 2 次，5～8 拍向左弹动跳 4 次。

(2) 1～2 拍分腿跳，3～4 拍原地弹动跳，5～8 拍开合跳 2 次。

(3) 与(1)相反。

(4) 与(2)相同。

三、第三段(4×8)

(1) 1～4 拍左腿开始脚跟点地跳 4 次，5～8 拍左腿开始前弹踢 2 次。

(2) 1～6 拍右腿开始曼步 2 次，7～8 拍右腿开始原地踏步 2 次。

(3) 与(1)相反。

(4) 与(2)相反。

四、第四段(4×8)

(1) 1～8 拍左腿开始小马跳 4 次，如图 11－5－1～图 11－5－3 所示。

(2) 1～2 拍左腿吸腿 1 次，3～4 拍左腿踢腿 1 次；5～8 拍与 1～4 拍相反。

(3) 1～8 拍左腿开始侧弹踢 4 次，每次转体 90°角。

(4) 1～2 拍左腿开始向左侧滑步，如图 11－5－4 所示；3～4 拍右腿向左腿后方做曼步 1 次；5～8 拍右腿开始左侧并步 2 次。

图 11－5－1

图 11－5－2

图 11－5－3

图 11－5－4

第六节　健美操成套动作

一、第一段(4×8)

(1) 1～4 拍左腿开始向前踏步 4 次，双手臂前后摆动，如图 11－6－1 所示；5～8 拍“V”字步，5 拍双手臂向左侧前平举，如图 11－6－2 所示；6 拍相反；7～8 拍击掌 2 次，如图 11－6－3 和图 11－6－4 所示。

图 11－6－1

图 11－6－2

图 11－6－3

图 11－6－4

(2) 1～4 拍左腿开始侧并步 2 次，1 拍双手臂上举，如图 11－6－5 所示；2 拍双手臂胸前平屈，如图 11－6－6 所示；3 拍双手臂侧平举，如图 11－6－7 所示；4 拍左手平屈放在右肩，右手背后，如图 11－6－8 所示。5～8 拍向左交叉步，双手臂依次由右经上向左绕环至左手背后，右手放左肩位置，如图 11－6－9～图 11－6－12 所示。

图 11－6－5

图 11－6－6

图 11－6－7

图 11－6－8

图 11-6-9

图 11-6-10

图 11-6-11

图 11-6-12

（3）1 拍右腿开始上步，双手臂上举，如图 11-6-13 所示；2 拍左腿吸腿，双手臂胸前肘屈，如图 11-6-14 所示；3 拍左腿向侧点地，手臂动作与第 1 拍相同，如图11-6-15 所示；4 拍与第 2 拍动作相同；5 拍左腿向左侧一步，同时双手握拳叉腰；6 拍右腿侧点地，右手臂前平举，五指张开，如图 11-6-16 所示；7～8 拍与 5～6 拍相反。

图 11-6-13

图 11-6-14

图 11-6-15

图 11-6-16

（4）1～8 拍左腿开始后屈腿 4 次，向左转体 360°角，双手臂叉腰，如图 11-6-17～图 11-6-24 所示。

图 11-6-17

图 11-6-18

图 11-6-19

图 11-6-20

图 11－6－21

图 11－6－22

图 11－6－23

图 11－6－24

二、第二段(4×8)

(1) 1 拍左腿向左一步，脚后跟向右顶，左手臂胸前平屈，右手臂侧平举，如图 11－6－25所示；2 拍脚后跟向左顶，手臂与 1 拍相反，如图 11－6－26 所示；3～4 拍右腿向左腿后交叉，曼步，双手臂侧下举，如图 11－6－27 所示；5～6 拍右腿开始侧曼步，双手臂胸前交叉，如图 11－6－28 所示；7～8 拍右腿向左腿前曼步，双手臂上举，如图 11－6－29所示。

图 11－6－25

图 11－6－26

图 11－6－27

图 11－6－28

图 11－6－29

(2) 1～2 拍右腿开始向侧并步，双手臂侧平举，如图 11－6－30～图 11－6－32 所示；3～4 拍左腿向右腿后做曼步，双手臂侧下举，如图 11－6－33 所示；5～8 拍左腿开始弓步跳 2 次，双手击掌，如图 11－6－34 和图 11－6－35 所示。

图 11 - 6 - 30

图 11 - 6 - 31

图 11 - 6 - 32

图 11 - 6 - 33

图 11 - 6 - 34

图 11 - 6 - 35

(3) 1～8 拍左腿开始十字步 2 次，双手臂自然摆臂，如图 11 - 6 - 36～图 11 - 6 - 39 所示。

图 11 - 6 - 36

图 11 - 6 - 37

图 11 - 6 - 38

图 11 - 6 - 39

(4) 1～4 拍向 8 点方向一字步，双手击掌 2 次，如图 11 - 6 - 40 和图 11 - 6 - 41 所示；5～8 拍向 2 点方向一字步，双手击掌 2 次。

图 11 - 6 - 40

图 11 - 6 - 41

三、第三段(4×8)

(1) 1 拍左腿向左迈一步，双手臂胸前交叉，如图 11－6－42 所示；2 拍右腿侧踢腿，双手臂侧上举，如图 11－6－43 所示；3～4 拍右腿向左腿后曼步，左手臂位于体前，右手臂位于腰后，如图 11－6－44 所示；5～8 拍与 1～4 拍相反。

图 11－6－42

图 11－6－43

图 11－6－44

(2) 1 拍左腿向左迈一步，双手臂叉腰，如图 11－6－45 所示；2 拍吸右腿，如图 11－6－46所示；3 拍右脚交叉左腿前点地，如图 11－6－47 所示；4 拍吸右腿，如图 11－6－48所示；5～8 拍向右 2 次弹动跳，如图 11－6－49 所示。

图 11－6－45

11－6－46

图 11－6－47

图 11－6－48

图 11－6－49

(3) 1 拍左腿侧点地，左手臂前平举，如图 11－6－50 所示；2 拍还原直立，如图 11－6－51所示；3～4 拍与 1～2 拍相反；5～8 拍与 1～4 拍相同，但速度快 1 倍，双手臂经上举向两侧打开，如图 11－6－52～图 11－6－55 所示。

图 11－6－50

图 11－6－51

图 11－6－52

图 11－6－53

图 11－6－54

图 11－6－55

（4）1 拍右腿交叉在左腿前一步，双手臂前平举，如图 11－6－56 所示；2 拍左腿后屈腿，双手位于腰旁，握拳，如图 11－6－57 所示；3 拍左腿向右腿后交叉一步，双手臂前平举，如图 11－6－58 所示；4 拍还原，如图 11－6－59 所示；5～8 拍与 1～4 拍相反。

图 11－6－56

图 11－6－57

图 11－6－58

图 11－6－59

四、第四段(4×8)

（1）1～4 拍向前跑跳步 4 次，双手击掌 2 次，如图 11－6－60 所示；5～8 拍前弹踢 2 次，自然摆动，如图 11－6－61 和图 11－6－62 所示。

（2）1～4 拍向 8 点方向弓步跳 2 次，双手叉腰；5～8 拍相反，如图 11－6－63 和图 11－6－64所示。

图 11－6－60

图 11－6－61

图 11－6－62

图 11－6－63

图 11－6－64

（3）1～4 拍左腿向前曼步 1 次，双手臂上举，如图 11－6－65 所示；手臂收回位于胸前肘屈，如图 11－6－66 所示；5～8 拍开合跳 2 次，双手臂自然摆动，如图 11－6－67 和图

11－6－68所示。

图11－6－65

图11－6－66

图11－6－67

图11－6－68

（4）1～2拍双腿开蹲，双手扶大腿，如图11－6－69所示；3～4拍并腿，双手击掌2次，如图11－6－70所示；5～8拍踏步调整，如图11－6－71所示。

图11－6－69

图11－6－70

图11－6－71

第七节　健美操成套动作考核评分标准

一、表现力

（1）动作要展示内心的激情，体现一种健康向上的情绪。
（2）提倡个人风格的表现力。

二、连接动作的流畅性

（1）动作之间的连接要自然流畅。
（2）动作的转换及方向变化要干净利落，无多余动作。

三、身体的协调性

（1）全身协调运动。
（2）动作轻松有弹性。
（3）动作清晰，无多余动作。

(4) 动作避免过分松弛或过分紧张。

四、动作的正确性

(1) 身体姿势要舒展。

(2) 技术要正确。

(3) 动作范围要适当。

五、节奏感

(1) 动作要充分表现音乐情绪。

(2) 动作和音乐节奏要配合协调。

(3) 一连串动作的节奏要准确，基本符合即为通过。

六、具体评分标准

(1) 90～100 分：能熟练掌握动作套路。动作美观，有力度，幅度大，乐感好，充分的表现力，效果好。允许有 1～2 个小动作的轻微失误。

(2) 80～89 分：能熟练掌握健美套路。动作美观，但力度稍差，乐感好，表现力稍差，允许有 3～4 个动作失误。

(3) 70～79 分：能熟练掌握健美操动作，动作美观性稍差，力度一般，乐感好，表现力一般，小错误动作在 4～5 次。

(4) 60～69 分：能熟练掌握健美操套路。动作的美观性合理度较差，乐感较差，小动作失误在 6 个以内。

(5) 60 分以下：不能独立掌握健美操动作。动作不协调，姿态不规范，动作与音乐不一致。

第十二章　健　　美

爱美是人的天性，健美的身体成为人们不懈追求和奋斗的目标，是世界上最轻巧完美的杰作。形体健美作为体育教学内容之一，可以陶冶情操，美化心灵，提高人们的审美能力，丰富精神生活，起到促进身心健康和谐发展的作用。

本章主要学习健美运动的基础理论知识和正确的练习方法，学会有针对性地制定健美运动方案，发展肌肉，增强体力，塑身减脂，培养学生欣赏美、追求美、创造美的能力及持之以恒、勇于挑战、战胜自我的优秀品质。通过本章的学习，使大学生了解一些基本的健身锻炼和健美运动的知识，为大学生提供一些实用的指导。

第一节　健美概念及常用名词

一、什么是健美

所谓健美，顾名思义就是健壮、美观，最简单的理解就是在健康基础上的美。它是根据健康原则、美学原则，以及年龄、性别特征对人体肤色、体形、姿态、动作和风度等来进行综合评价。

二、什么是健美运动

健美运动是一项利用徒手和器械，采用各种动作和训练方法，以达到锻炼身体，增强体力，发达肌肉，改善体型、体态和陶冶情操为目的的运动。简单地说，健美运动就是在一定的时间内获得合乎健美标准体格的一种身体活动过程。

健美运动既可以进行徒手练习，也可以采用各种各样轻重不同的运动器械进行练习。例如用哑铃、杠铃、壶铃等举重器械，单杠、双杠等体操器械，以及弹簧扩胸器、滑轮拉力器、橡胶带和特制的力量综合练习架等。

为了达到健美的目的，健美运动有自己特殊的训练方法。采用各种器械做各种动作时，在器械轻重，动作的次数、组数和运动量等方面，都有特殊的要求和安排。

健美运动还有自己特殊的目的和任务。它除了具有一般体育运动所共有的锻炼身体、增进健康、增强体质、增长体力的作用外，还特别能发达全身各部位的肌肉，改善体形体态，以及陶冶美好的情操。也就是说，它不仅强调“健”而且强调“美”，把体育和美育融为一体。

三、常用名词解释

为了便于初练者独立制定健美训练计划或健美运动方案，我们简单介绍一下几个常用的运动训练名词概念。

（1）运动量也称“运动负荷”。它包括重量、组数、次数、强度、密度、时间、速度和完成动作的质量等要素。这些要素相互联系和制约，改变任何一种要素，都会直接影响运动量的大小。

（2）生理负荷量指人体对训练量反应的量，即引起生理机能反应的量、范围或身体反应出来的征象。它主要用生理、生化指标来表示。初级健美训练者，由于年龄、性别、体质、健康状况及训练水平的差异，即使承担同样的运动量，所引起的生理反应也是不同的。所以它是评定运动量大小的客观依据。

（3）重量指健美训练时某一动作每次训练的重量和每次训练的总重量。它包括所用器械的重量和人体本身的质量，也称为练习负荷，单位为千克。练习的重量以个人力量的大小为标准，一般可分为：

① 极限重量：个人最大力量的100％以上，也就是说，按照规定的动作姿势，用全力只能完成一次所用的重量。

② 大重量：个人最大力量的80％～100％。

③ 中等重量：个人最大力量的60％～80％。

④ 小重量：个人最大力量的50％以下。

⑤ RM为Repetition Maximum的缩写，意思是指在疲劳前能按规定的重复次数推、拉举起最大的重量，如8RM即为能推、拉举起8次的最大重量。

（4）密度指单位时间内重复练习的量，体现训练中时间和数量的关系。它分为单个动作密度和一次训练课的总密度。如果每组练习之间和每个动作练习之间的间歇短，就称为密度大；反之，则为密度小。

① 单位时间重复组数：每分钟内重复练习的组数(如×组/分)。

② 单位时间重复次数：每分钟内重复练习的次数(如×次/分)。

（5）强度指单位时间内的生理负荷量，包括训练的重量、密度、速度、组数、次数等。其中，重量和密度决定强度。当训练的重量较重、密度较大时，训练的强度就大；反之，强度就小。

（6）数量指每一次训练项目的多少，每个项目练习组数的多少，每组练习次数的多少。如果在一次训练中，训练项目多、每项练习组数多、每组练习次数多，则运动量就大；反之，运动量就小。

① 项目：指每次训练的动作，如训练胸大肌群的动作为仰卧飞鸟，则仰卧飞鸟就是一个训练项目。

② 组数：一个动作按规定的方法连续重复进行若干次的总和，称为一组。间歇之后，再按原方法连续重复进行若干次为另一组。一个动作所做的若干组的总和称为组数。它有单个动作组数和一次训练课中所有动作总和的组数之分。一般可分为以下几种。

低组数：完成1～3组。

中组数：完成4～6组。

高组数：完成6组以上。

复合组：由2～3个动作组成，先做某个动作若干次，不加间歇或只加极短间歇即做另1～2个动作若干次所合成的一组。

③ 次数：指一个规定动作在一组练习中所重复运动的总和，即按照规定的动作姿势，两手拿起器械或握住器械后，每练习一下为一次。

训练的次数一般可分为以下几种。

少次数：一个动作连续重复 1～5 次。

中次数：一个动作连续重复 6～12 次。

多次数：一个动作连续重复 13～20 次。

超多次数：一个动作连续重复 20 次以上。

不限次数：一个动作能做多少次就做多少次。

第二节　健美运动的内容与分类

一、健美运动的内容

根据练习的性质和形式主要包括以下两方面。

(1) 用杠铃、哑铃、拉力器和各单项或综合器进行的全身各部位肌肉的练习。

(2) 有氧代谢运动主要用于群众性健美形体，如游泳、长跑、自行车等以及为矫正不良体形而进行的各类专门练习。

二、健美运动的分类

根据健美练习的目的和任务不同，可分为一般性健美运动(也称健身健美)和竞技性健美运动两类。

1. 一般性健美运动

它的目的和任务在于增进练习者身体健康，促进身体正常发育，改善身体形态，使肌肉较发达。练习手段多，有广泛的适应性，不同年龄、性别、体质、爱好和训练水平的人都可以根据自己的情况有选择地进行系统练习，塑造健美的形体。

2. 竞技性健美运动

竞技性健美运动是指在身体健康和全身肌肉发达匀称的基础上，按规则评比肌肉的围度、匀称度、造型的好坏的一种竞赛。正规的比赛有严格的裁判标准和动作要求，以及特定的比赛项目、内容、级别和评分方法。国际健联承认的各种职业比赛和业余比赛，对选手参赛资格有严格的要求和限制。

第三节　健美训练

对于初学者来说，不要立即轻率地投入锻炼。一定要对健美的基础知识，全部的锻炼内容和方法有一个全面的了解，还要掌握如何进行训练，防止受伤的方法和为什么训练实效性不高的原因，才能根据课程要求去完成每一次训练。

一、怎样去做动作

一个刚开始练健美的人，如果一开始就进行大重量训练，那就不会有多大进展。一定要采用规定的重量，还要更换动作，以减少肌肉锻炼后所引起的酸痛。初练时，训练重量减少 25%～30%，然后逐渐增加。如果采取循序渐进的方法，就可找到能够适应自身的重量和动作，避免不适的感觉。

当最初的几次训练之后，初练者肯定会感到肌肉有些酸痛。这就要求训练动作使这些肌肉逐渐适应起来。这是由于肌肉长期没有经过这种强烈的刺激，通过这些刺激肌肉就会逐渐增长。在训练中，一定要穿上足够的衣服使身体保持暖和。在训练后洗一个温水淋浴，它能使肌肉酸痛现象减轻。经过几次训练后，这种现象就会逐渐消失。

"呼吸"在健美锻炼中是非常重要的。一般是放下重量时吸气，举起重量时呼气。训练1～2 个星期以后，这种呼吸方法就会自然协调起来，不需要有意识地去注意如何呼吸。

在做每个动作时，应尽可能注意动作的韵律和节奏性，还必须认真地做到完整。另外，肌肉的充分伸展和彻底收缩动作要贯彻在全过程中。

开始训练前，必须了解所有内容，仔细分析每个动作的技术细节，以便使每个动作都做到准确完整。

最好把每次训练课中，每个动作的训练组数和次数都详细地记录在训练日记中。训练日记可以用来发现运动过度或处于稳定阶段。不管是初练或训练有素的健美运动员，采用这种记训练日记的方法都是同样重要的。

二、怎样进行锻炼

对于初学者，每星期锻炼三天(隔天进行)，星期一、三、五或星期二、四、六，在前三个月必须不间断地按照每星期三天的要求进行锻炼。然后，每星期增加到四或五次。总之，坚持训练是健美锻炼的关键。

取得最好的训练效果需要做到以下几点。

(1) 要有足够的休息和睡眠。

(2) 开始阶段每星期练三天。

(3) 每隔一天锻炼一次。

(4) 每天安排在同样时间锻炼。

(5) 吃高质量食物如高蛋白、维生素、矿物质和不经过精炼的碳水化合物。

(6) 饮大量的纯开水。

(7) 要保持持之以恒的积极态度，你将会在锻炼中获得成功。

三、去什么地方训练

训练地方的选择，应该依据自己的居住环境以及工作性质而定，对于作为初学者的大学生来说，最好到健身房去锻炼。因为那里有适宜的环境和训练氛围，有同伴的帮助，有教师的指导，会对训练有很大的帮助，一般不提倡在宿舍里练，因为住集体宿舍干扰同宿舍、相临宿舍以及上下楼同学的学习。但是如果距离健身房远，也可自购一些健身器械(如哑铃、拉力器等)，在不干扰他人的情况下到楼下练习。

四、什么时候训练

最好能在大学课程里安排健美健身课，这样既可以在规定时间里进行训练，又可以在专业的教师指导下完成练习，并且在动作的准确性，练习的安全性方面都有保障。要切记健美的成功之路最重要是坚持常年的训练。

五、应该穿些什么

在健美训练中，应该穿些什么取决于两个方面。第一，穿的衣服必须宽松舒适，在训练中不会妨碍动作。第二，在冬天训练时要保暖和不受凉。最重要的是在训练中不管穿什么服装，都要使自己感到舒适。

一般在训练中，大学生喜欢穿 T 恤衫或短袖衫。冬天训练时，要穿着运动内衣裤和运动外套服装。穿鞋也是基本条件，特别是举重时，它对保护脚踝是非常重要的。

切记在训练较重的重量时，为了保护腰部位，应在腰间扎上举重皮带或普通皮带(特别是做重量的推举、硬拉和深蹲等)。

六、告诫初学者

大多数初学者都迫切地希望把最眩眼部位的肌肉尽快地练得粗壮起来，例如手臂、胸和肩等部位。有时他们不按照规定的训练课程，特别是对那些最容易显示体形的部位，绝对不能采取偏练的方法，千万不要忘记脚和其他身体部位。

要求按照课程要求至少苦练一个学期，不要单独突出训练某几个部位。必须严格按照课程训练，如果不按照要求训练，将会使身体练得不平衡或向畸形发展。

第四节　人体肌肉结构和功能

1. 人体肌肉类型

人体的肌肉可分为三种类型：一种是受人的意识支配的肌肉，叫随意肌。随意肌附在骨架上，所以又称为“骨骼肌”，主要分布于躯干和四肢，受人的意识支配而产生随意活动，如走、跑、跳、投、推、拉等动作。胸大肌、背阔肌、腹直肌、股四头肌等属于骨骼肌。另一种是不受人的意识支配的肌肉，叫不随意肌，如胃肠、血管、膀胱等内脏器官的肌肉，又称内脏肌。还有一种叫心肌，为心脏所特有。

人体的肌肉按位置分有胸肌、腹肌、背肌、腰肌等；按功能分有屈肌、伸肌等；按形状分有长肌、短肌、阔肌和轮匝肌等；按肌头数分有二头肌、三头肌和四头肌；按纤维排列方向分有羽状肌、多羽状肌等。

人体各种动作的完成，主要是肌肉收缩作用于骨骼的结果。在健美训练过程中，一个动作的完成，实际上是与此动作相关肌肉收缩和放松活动的结果。肌肉收缩时，长度缩短，横断面积增大。例如：做哑铃弯举时，由于肱肌和肱二头肌收缩变短，会形成较大的“隆起”。肌肉既可以单独收缩，也可以联合收缩。例如：做卧推时，就是胸大肌、肱三头肌、三角肌和前锯肌群同时联合收缩来完成的。所以说，肌肉收缩是人体运动的动力来源。

2. 肌肉前视图

人体肌肉前视图以及对应的肌肉名称如图 12-4-1 所示。

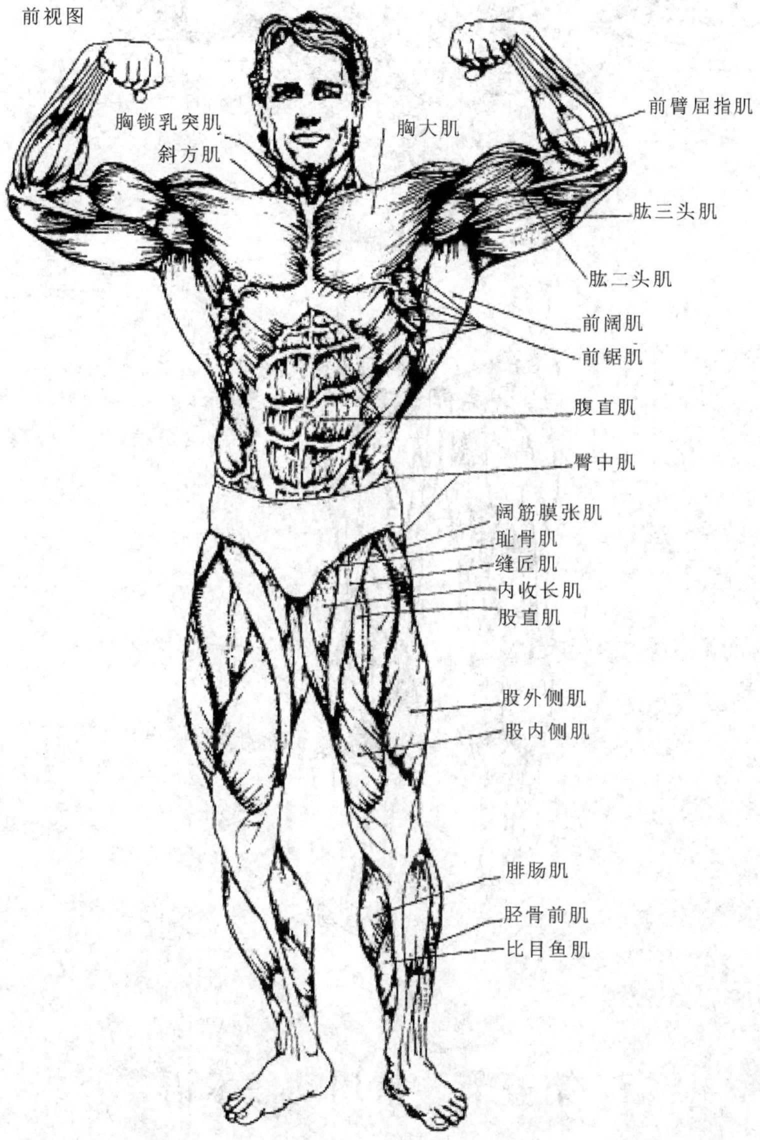

图 12-4-1

3. 肌肉后视图

人体肌肉后视图以及对应的肌肉名称如图 12-4-2 所示。

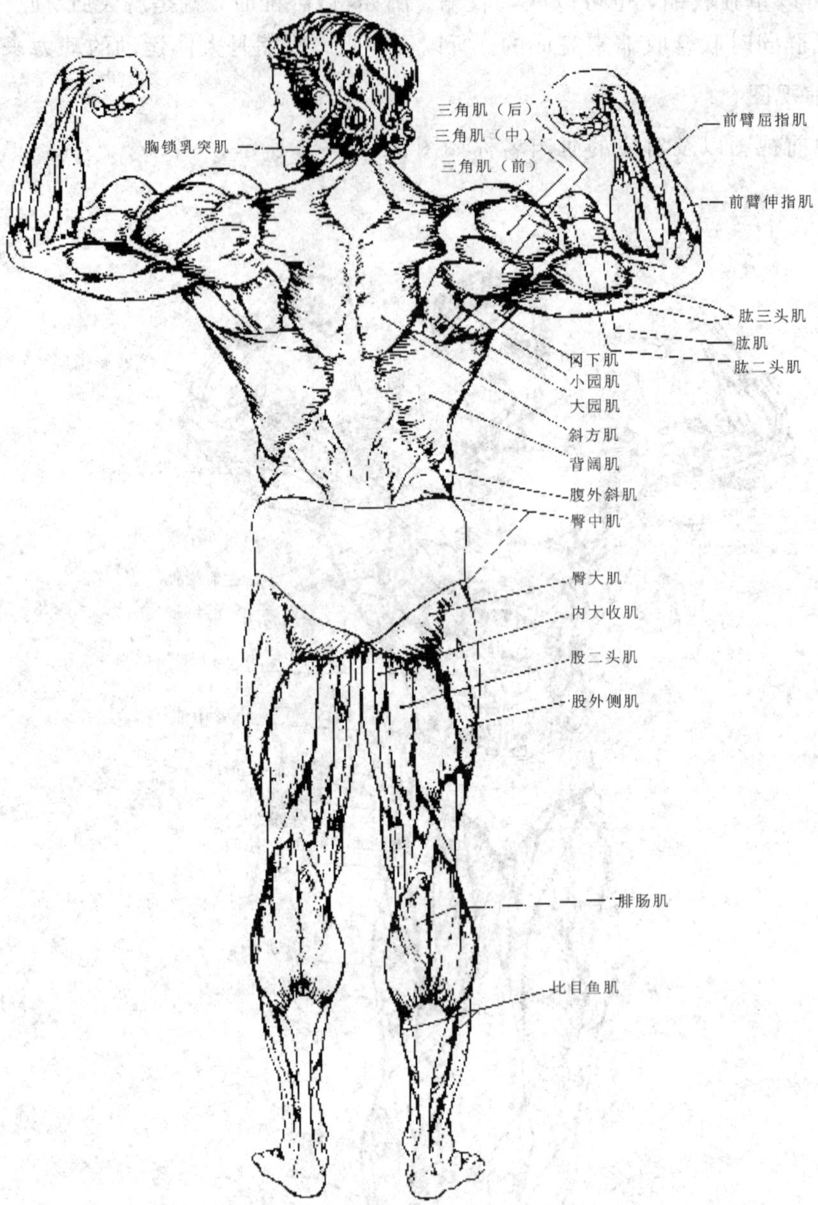

图 12-4-2

第五节 常用动作术语

为了便于健美初练者训练和掌握正确的技术动作，下面介绍一些基本的动作术语。

(1) 屈：关节的弯曲或关节角度的缩小，如屈臂、屈腿、屈体、前屈、后屈和侧屈等。

(2) 伸：关节角度的伸展与伸直，如伸臂、伸腿、伸腰或前伸、后伸和侧伸等。

(3) 举：臂和腿抬起或托起(活动范围不超过 180°角)，并停止在某一部位的动作，如推举、侧平举、侧上举和仰卧腿举等。

(4) 推：向外用力使器械的某一部分顺着用力的方向移动。

(5) 拉：用力使器械朝自己所在的方向或跟着自己移动。

(6) 坐：在地上和器械上的姿势。

① 正坐：指躯干与下肢约成90°角。

② 俯坐：指躯干与下肢小于90°角。

③ 斜坐：指躯干与下肢大于90°角。

(7) 蹲：两膝并拢或分开同时屈膝下蹲。

① 全蹲：也叫深蹲。大小腿之间的夹角小于90°。

② 半蹲：大小腿之间的夹角约等于90°。

③ 稍蹲：大小腿之间的夹角为130°～160°。

④ 箭步蹲：指两脚前后分开成弓箭步方式下蹲。

(8) 撑：两手或只用身体某一部分支撑在地面上和器械上的姿势。

① 支撑：两手、臂和身体其他部位撑器械，但肩轴高于或平于器械轴的姿势，如双械直角支撑等。

② 俯撑：两手和两脚撑地或器械，身体和两臂伸直，胸腹部朝向地面或器械的姿势。

③ 仰撑：两手和脚撑地或器械，身体和两臂伸直，腰背和臀部朝向地面或器械的姿势。

④ 侧撑：一手和脚撑地或器械，身体伸直，体侧朝向地面或器械的姿势。

⑤ 蹲撑：下蹲，两膝并拢或分开，两手撑地或器械的姿势。

⑥ 跪撑：两手和膝撑地，上体与地面平行，两臂、大腿与支撑面成垂直姿势。

(9) 卧姿：上体躺在地面或器械上的姿势。

① 仰卧：身体伸直躺在地上或器械上的姿势，包括平卧姿、上斜卧姿(头高脚低)、下斜卧姿(头低脚高)。

② 俯卧：身体伸直趴在地上或器械上的姿势，包括平卧姿、上斜卧姿(头高脚低)、下次斜卧姿(头低脚高)。

③ 侧卧：身体伸直侧向躺在地上或器械上。

(10) 悬垂：双手握器械时，身体其他部分不接触地面或器械，但肩轴低于器械轴，如单杠悬垂举腿。

(11) 躬身：躯干前屈与地面平行，挺胸塌腰，两腿伸直，身体重心在脚后跟的垂线上，头稍抬，眼看前下方，如躬身上拉、躬身侧平举等。

(12) 握姿：指用手抓握住拉力器等器械。

① 普通握：这是一种常用的握器械的方法。特点是两手握器械较紧，有助于发力，可用于健美训练中的绝大多数动作。

② 空握：也叫全握。拇指与其他四指一起并拢握住器械。特点是没有普通握法握得紧，一般用于上举(推)和向上引体等动作。

③ 锁握：拇指与其他四指分开，握住器械时，食指和中指压在拇指上面，这是几种握姿中握得最紧的一种，主要用于提拉大重量动作(如抓举、提肘上拉等动作)，不易脱手。

④ 正握：两手大拇指相对握器械，掌心朝后。

⑤ 反握：两手大拇指向外(两臂旋外)握器械，掌心朝前。

⑥ 对握：两手拳眼向前，掌心相对握器械。

⑦ 正反握：一手正握，另一手反握器械。

（13）握距：两手握住器械之间的距离。

① 窄握距：两手之间的距离小于肩关节的宽度。常用于提肘上拉、卧推、弯举、引体向上等动作。

② 中握距：两手之间的距离与肩关节的宽度相等。中握距的用途较广，可以用于任何器械动作练习。

③ 宽握距：两手之间的距离大于肩关节的宽度。常用于卧推、推举、弯举、躬身上拉、颈后下拉、引体向上等动作。

④ 并握距：两手之间没有距离。常用于提肘上拉、臂屈伸、弯举、躬身上拉、引体向上等动作。

（14）站立：除立正姿势外还有两脚开立、足尖立、俯立和跪立等。

（15）站距：站立时两脚间的距离。

① 窄站距：两脚的间距与髋的宽度相等。

② 中站距：两脚的间距与肩的宽度相等。

③ 宽站距：两脚的间距大于肩的宽度。

第六节　健美的训练原则

健美训练原则是在总结与概括实践经验的基础上，归纳与升华的科学理论，是进行健美练习必须遵循的法则。

初级水平时应遵循的训练原则有以下几种。

（1）为了增加肌肉体积，必须逐渐增加运动负荷，它包括重量、组数、次数、间歇时间。不仅要采用越来越重的重量，还要增加训练组数和每星期的训练次数以及缩短间歇时间。

（2）每个动作都只有在练习3～4组时才能使肌肉群得到应有的锻炼。

（3）锻炼发展某一部位的肌肉，就要最大限度集中主动肌用力，并且尽可能避免其他协同肌用力，使主动肌在整个动作过程中承受最大运动负荷。

（4）如果长时间使用一成不变的训练计划，肌肉就会产生厌倦的感觉，影响继续训练，因此应该适时修订或改变自己的训练计划（一般3个月左右）。

（5）完成动作时，如果动作做得很快或依靠摇摆的惯性把重量举起来，就会减少肌肉收缩的效果。所以在整个动作过程中，要使肌肉始终保持紧张的状态。

（6）训练时，在你精力最充沛的时候练你最想发展的部位。

（7）在练习时，必须使主动肌先充分拉长（伸展），再使其充分收缩，并且要做到快收缩、慢伸展，顶峰收缩停留1～2秒。

第十三章　24式简化太极拳

太极拳是一种有氧运动，可以按摩五脏六腑，促进血液循环。太极拳乃中华民族的优秀文化遗产之一，具有丰富的技术体系和博大精深的文化内涵，以其独特的健身、养生功效，技击、防身、观赏、自娱等特点，备受人们的青睐。简化太极拳由原国家体委于1956年组织有关太极拳专家，以流传面和适应面最广泛的杨氏太极拳为基础，保留了传统太极拳的主要技术内容及基本规格要领，按照由易到难的教学原则进行改编、整理而成。简化太极拳是一种柔和、缓慢、轻灵的拳术，动作圆活，处处带有弧形，动作绵绵不断，前后贯穿。简化太极拳的练习受场地、气候、年龄、器械等条件的限制较少，且运动量适中，利于开展普及。

第一节　24式太极拳动作名称

24式的太极拳的整套动作分为8组，包括“起势”“收势”等24个动作，其各动作的名称如下。

（1）起势。

（2）野马分鬃。

（3）白鹤亮翅。

（4）搂膝拗步。

（5）手挥琵琶。

（6）左右倒卷肱。

（7）左揽雀尾。

（8）右揽雀尾。

（9）单鞭。

（10）云手。

（11）单鞭。

（12）高探马。

（13）右蹬脚。

（14）双峰贯耳。

（15）转身左蹬脚。

（16）左下势独立。

（17）右下势独立。

（18）左右穿梭。

（19）海底针。

（20）闪通臂。

（21）转身搬拦捶。

（22）如封似闭。

（23）十字手。

（24）收势。

第二节　动作介绍

1. 起势

技术动作：① 两脚开立；② 两臂前举；③ 屈腿按掌，如图 13－2－1 所示。

图 13－2－1

动作要点：预备式，头顶正直，下颚微向上收，立正姿势开始，然后左脚向左分开，与肩同宽，身体重心落于两脚中间，双膝微屈。

起势：两肩下沉，两肘松垂，手指自然微屈，臀部不可凸出，两臂的起落和双膝的起蹲要协调一致。

2. 野马分鬃

技术动作：

（1）左野马分鬃，① 抱手收脚；② 转体上步；③ 弓步分手，如图 13－2－2 所示。

图 13－2－2

（2）右野马分鬃，① 转体撇脚；② 抱手收脚；③ 转体上步；④ 弓步分手，如图 13－2－3所示。

图 13－2－3

(3) 左野马分鬃，① 转体撇脚；② 抱手收脚；③ 转体上步；④ 弓步分手，如图13－2－4所示。

图 13－2－4

动作要点：上体不可前俯后仰，两臂分开保持弧形，身体转动要以腰为轴，弓步动作与分手速度要均匀一致，迈出的脚，脚跟先着地，然后脚掌慢慢踏实，做到前弓后蹬，前腿膝盖不要超过脚尖。后退自然伸直，脚跟不得离地。前后脚夹角为45°～60°，前后脚的脚跟要在中轴线两侧，其横向距离保持在10厘米～30厘米。

3. 白鹤亮翅

技术动作：① 跟步抱手；② 后坐转体；③ 虚步分手，如图13－2－5所示。

图 13－2－5

动作要点：完成姿势，胸部不要挺出，两臂上下要保持半圆形，左膝微屈。身体重心后移和右手上提、左手下压协调一致。

4. 搂膝拗步

技术动作：

(1) 左搂膝拗步，① 转体摆臂；② 摆臂收脚；③ 上步屈肘；④ 弓步搂推，如图13－2－6所示。

图 13－2－6

(2) 右搂膝拗步，① 转体摆臂；② 摆臂收脚；③ 上步屈肘；④ 弓步搂推，如图13-2-7所示。

图 13-2-7

(3) 左搂膝拗步，① 转体摆臂；② 摆臂收脚；③ 上步屈肘；④ 弓步搂推，如图13-2-8所示。

图 13-2-8

动作要点：前手推出时要沉肩垂肘，坐腕舒掌，同时须与松腰、弓腿上下一致且身体不可前俯后仰。

5. 手挥琵琶

技术动作：① 跟步展臂；② 后坐引手；③ 虚手合手，如图 13-2-9 所示。

图 13-2-9

动作要点：身体要自然，沉肩垂肘，胸部放松。左手要由左向上、向前微带弧形收回。右脚跟进时，脚前掌先着地，再全脚踏实。身体重心后移和左手上起、右手回收要协调一致。

6. 左右倒卷肱

技术动作：

(1) 右倒卷肱，① 转体撤手；② 退步卷肱；③ 虚步推掌，如图 13-2-10 所示。

图 13－2－10

(2) 左倒卷肱，① 转体撤手；② 退步卷肱；③ 虚步推掌，如图 13－2－11 所示。

图 13－2－11

动作要点：前推的手不要伸直，后手也不可直接向回抽，随着转体走弧线，且转腰松垮，两手速度一致。转体时脚掌为轴，避免两脚后退时落在一条直线上。

7. 左揽雀尾

技术动作：① 转体撤手；② 抱手收脚；③ 转体上步；④ 弓步绷臂；⑤ 转体摆臂；⑥ 转体后捋；⑦ 转体搭手；⑧ 弓步前挤；⑨ 后坐引手；⑩ 弓步前按，如图 13－2－12 所示。

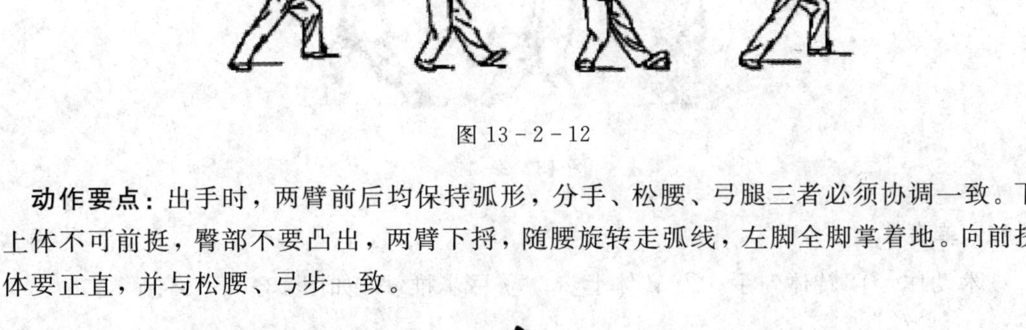

图 13－2－12

动作要点：出手时，两臂前后均保持弧形，分手、松腰、弓腿三者必须协调一致。下捋时上体不可前挺，臀部不要凸出，两臂下捋，随腰旋转走弧线，左脚全脚掌着地。向前挤时上体要正直，并与松腰、弓步一致。

8. 右揽雀尾

技术动作：① 转体撤手；② 抱手收脚；③ 转体上步；④ 弓步绷臂；⑤ 转体摆臂；⑥ 转体后捋；⑦ 转体搭手；⑧ 弓步前挤；⑨ 后坐引手；⑩ 弓步前按，如图 13-2-13 所示。

图 13-2-13

动作要点：身体保持直立，松腰，上下肢体协调。

9. 单鞭

技术动作：① 转体运臂；② 勾手收脚；③ 转体上步；④ 弓步推掌，如图 13-2-14 所示。

图 13-2-14

动作要点：上体保持直立，松腰，随体转左手外翻推掌。边翻边推出，翻掌不要太突然。

10. 云手

技术动作：① 转体松勾；② 云手收步，如图 13-2-15 所示。

图 13-2-15

11. 单鞭

技术动作：① 转体勾手；② 转体上步；③ 弓步推掌，如图 13-2-16 所示。

图 13－2－16

动作要点：两掌做云手运转时，上掌高不过眉，下掌指低不过裆，整个动作均匀连贯。

12. 高探马

技术动作：① 后脚跟步；② 后坐翻手；③ 虚步推掌，如图 13－2－17 所示。

动作要点：上体自然直立，双肩下沉，右肘微下垂。脚跟部移换重心时，身体不要起伏。

图 13－2－17

13. 右蹬脚

技术动作：① 穿手提脚；② 上步翻手；③ 分手弓腿；④ 抱收手脚；⑤ 翻手提腿；⑥ 分手蹬脚，如图 13－2－18 所示。

图 13－2－18

动作要点：身体不可前俯后仰，要稳。两手分开时腕部与肩齐平，分手与蹬腿要协调一致，右臂和左腿上下一致。

14. 双峰贯耳

技术动作：① 屈膝并手；② 上步落地；③ 弓步贯拳，如图 13－2－19 所示。

图 13－2－19

动作要点：两拳松握，头颈正直，松腰，松胯，两拳松握，沉肩垂肘，两臂均保持弧形，弓步与身体方向和右蹬脚方向相同。

15. 转身左蹬脚

技术动作：① 转体分手；② 收脚合抱；③ 提膝翻手；④ 分手蹬脚，如图 13－2－20 所示。

图 13－2－20

动作要点：与“右蹬脚”相同，但是左右相反。左蹬脚方向与右蹬脚成 180°角。

16. 左下势独立

技术动作：① 收腿勾手；② 屈蹲开步；③ 仆步穿掌；④ 弓腿起身；⑤ 独立挑掌，如图 13－2－21 所示。

图 13－2－21

17. 右下势独立

技术动作：① 落脚勾手；② 屈蹲开步；③ 仆步穿掌；④ 弓腿起身；⑤ 独立挑掌，如图 13－2－22 所示。

图 13－2－22

动作要点：右腿全蹲时，上体不可过于前倾。左腿伸直，左脚尖需向里扣，两脚掌全部着地，呈独立势时，上体正直，独立腿微屈膝，右腿提起时脚尖自然下垂。

18. 左右穿梭

技术动作：

(1) 右穿梭，① 转体撇脚；② 抱手收脚；③ 上步错手；④ 弓步架推，如图 13－2－23 所示。

图 13－2－23

（2）左穿梭，① 转体撇脚；② 抱手收脚；③ 上步错手；④ 弓步架推，如图 13－2－24 所示。

图 13－2－24

动作要点：完成姿势面向斜前方，一手上举，一手前推，要与弓腿送腰上下一致，上体不可前俯，防止耸肩。

19. 海底针

技术动作：① 后脚跟步；② 后坐提手；③ 虚步插掌，如图 13－2－25 所示。

图 13－2－25

动作要点：身体要先向右转，再向左转，完成姿势时，双腿微屈，不可低头，上体不可前倾。

20. 闪通臂

技术动作：① 提手收脚；② 上步分手；③ 弓步推掌，如图 13－2－26 所示。

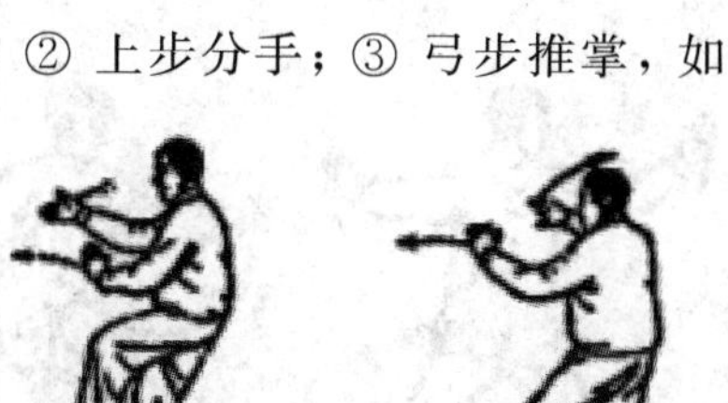

图 13－2－26

动作要点：在完成动作时，上体自然正直，松腰，松垮。左臂前伸时不要伸直，背部肌肉要放松，推举掌、弓腿要协调。

21. 转身搬拦捶

技术动作：① 转身扣脚；② 转体握拳；③ 垫步搬拳；④ 转体收拳；⑤ 上步拦掌；⑥ 弓步打拳，如图 13－2－27 所示。

图 13－2－27

动作要点：向右转身右拳搬和右脚尖外摆的同时，身体重心前移，右拳向右划弧收到腰间，同时左脚前抬，左手由外向内拦，落左脚成弓步的同时，左手回撤，右拳向前打出。

22. 如封似闭

技术动作：① 穿手翻掌；② 后坐引收；③ 弓步按掌，如图 13－2－28 所示。

图 13－2－28

动作要点：身体后坐时，避免后仰，臀部不可凸出。两臂随身体收回时，肩、肘略向外松开，不要直着抽回。成弓步两手推出，宽度不要超过肩。

23. 十字手

技术动作：① 转体扣脚；② 弓腿分手；③ 转体落手；④ 收脚合抱，如图 13－2－29 所示。

图 13－2－29

动作要点：两手分开与合抱时，上体不要前仰。站起后，身体自然正直，头要微向上顶，下颚稍向后收。两臂环抱时，需圆满舒适，沉肩垂肘。

24. 收势

技术动作：① 翻掌分手；② 垂臂落手；③ 并脚还原，如图 13－2－30 所示。

图 13－2－30

动作要点：两手左右分开下落时，要注意全身放松，同时气也徐徐下沉。呼吸平稳后，把左脚收到右脚旁，再走动休息。

第三节　练习太极拳注意事项

一、太极拳训练方法

（1）静心用意，呼吸自然，即练拳要求思想安静集中，专心引导动作，呼吸平稳，深匀自然，不可勉强憋气。

（2）中正安舒，柔和缓慢，即身体保持舒松自然，不偏不倚，动作如行云流水，轻柔匀缓。

（3）动作弧形，圆活完整，即动作要成弧形式螺旋形，转换圆活不滞，同时以腰为轴，上下相随，周身组成一个整体。

（4）连贯协调，虚实分明，即动作要连绵不断，衔接和顺，处处分清虚实，重心保持稳定。

（5）轻灵沉着，刚柔相济，即每一动作都要轻灵沉着，不浮不僵，外柔内刚，发劲要完整，富有弹性不可使用拙力。

二、练习太极拳的要领

（1）虚领顶劲，头颈似向上提升，并保持正直，要松而不僵可转动。

（2）胸拔背、沉肩垂肘，即胸要含不能挺，肩不能耸而要沉，肘不能抬而要下垂，全身要自然放松。

（3）眼响应，以腰为轴，移步似猫行，虚实分清：指打拳时必须上下呼应，融为一体，要求动作出于意，发于腰，动于手，眼随手转，两下肢弓步和虚步分清而交替，练到腿上有劲，轻移慢放没有声音。

（4）动中求静，动静结合，即肢体动而脑子静，思想要集中于打拳。

(5) 均匀，连绵不断，即每一式的动作快慢均匀，且各式之间又是连绵不断的，全身各部位肌肉舒松协调而紧密衔接。

(6) 太极拳要求有意地运用腹式呼吸，加大呼吸深度，从而改善呼吸机能和血液循环。

(7) 练习太极拳是一个循序渐进的过程，需要持之以恒。同时，在练习时应多加观摩，相互学习交流。相信经过认真的练习和不断的努力，都可以收到强身健体的效果。

第十四章　瑜　　伽

在世界多个不同地方流行的瑜伽，不仅只是一套流行或时髦的健身运动，还是一个非常古老的修练方法，集哲学、科学和艺术于一身。瑜伽的基础建立在古印度哲学上，数千年来，心理、生理和精神上的戒律已经成为印度文化中的一个重要组成部分。古代的瑜伽信徒发展了瑜伽体系，他们深信通过运动身体和调控呼吸，可以控制心智和情感，以及保持身体的健康。

第一节　瑜伽概述

一、什么是瑜伽

瑜伽(yoga)源于古印度文化，是一种身体锻炼方法，用来加强人们的身体、心智和精神的健康，由最初创立时的八万多姿势演变和精炼到现在的几百个，并形成了不同的瑜伽体系。目前，在我国流行的瑜伽不仅吸收了古老瑜伽的精髓，还融入了我国的传统医学——经络学说，同时加入了一些时尚健身的新内涵，从而对瑜伽做出了全新的诠释。瑜伽在 20 世纪 80 年代末 90 年代初传入我国，以一种传统兼时尚的健身方式和瑜伽自身特有的魅力在中国迅速传播和发展起来。

瑜伽包括动功和静功。动功是在静功的基础上配合肢体的运动，以动求静，即肢体在动而内心意念却静，意气相随，内外合一。静功包括休息术、调息功、静坐和意念等。练习瑜伽，可以提高人体的新陈代谢水平，改善全身的血液循环，增强心血管系统、呼吸系统、消化系统、内分泌系统的功能，还可以增加肌肉力量，增强骨关节、韧带的柔韧性，预防和缓解某些身体疾病，同时还可使身心得到放松，达到减压、消除疲劳和紧张感的目的。

二、瑜伽体位法

瑜伽体位法又称瑜伽姿势，是一种健身功法或练习。专门功用是帮助人保持身体健康，并经常处于有利于内心和平、善于创造、富有成效以及冥想的精神状态，在缓慢的动作中，身体保持放松和做深深的呼吸，使得血液很自然的能够携带大量氧气并且吸收。这些体位法是古代的瑜伽修行者在喜马拉雅山上观察动物活动、休息的动作，模仿而得。由一些扭曲伸展的静态动作，刺激腺体，按摩内脏，活化僵硬的关节部位，通畅经络，矫正不良体态，调整植物神经系统和内分泌系统，减少赘肉脂肪，使体形更加紧凑、健美。瑜伽各派别创造的体位法成千上万，真正流传下来、经常被拿来练习的只有数十种。例如眼镜蛇式、孔雀式、猫式、蝗虫式等。最常见的瑜伽体位法是“莲花坐式”，打坐的时候上身挺直，两只脚背压在大腿上，当然这对很多人而言并不容易做到。

三、瑜伽呼吸法

呼吸是练习瑜伽的基础，在整个瑜伽练习过程中，都需要瑜伽呼吸功法的配合。瑜伽呼吸是自然而完全的呼吸，正确、科学的呼吸可以使身体变得稳定、放松，更好地舒展筋骨，最大限度地将氧气吸纳到肺部，对身体的健康非常有益处。在每日练习健身瑜伽之前，应先做几分钟基本呼吸功法练习。瑜伽的呼吸法主要有以下 3 种。

1. 腹式呼吸

仰卧或直背坐立，一手放于腹部。吸气时，把空气直接吸向腹部，如果这步吸气动作做的正确，手就会被腹部抬起，吸气越深腹部升起越高。随着腹部的扩张，横隔膜就会向下降。而呼气时，腹部会向内、向脊柱方向收缩。尽量收缩腹部，把所有空气呼出双肺。此时，横隔膜向上升起。

2. 胸式呼吸

仰卧或直背坐立，深深吸气，但不要让腹部扩张，把空气直接吸入胸部区域。在胸式呼吸中，胸部区域扩展时腹部应保持平坦。吸气越深，腹部越向内、朝脊柱方向收缩。吸气时，肋骨向外和向上扩张，呼气时，肋骨向下并向内收。

3. 完全呼吸

完全呼吸是把以上两种呼吸法结合起来完成。练习完全呼吸时，轻轻吸气，首先吸向腹部区域，待腹部鼓起的时候，就开始充满胸部区域的下半部分。然后，充满胸部上半部分。尽量将胸部吸满空气而扩张到最大限度双肩略微升起，胸部也将扩大。在这种情况下，腹部向内收紧，紧接着按相反的顺序呼气，首先放松胸部、腹部，用收缩腹部肌肉的方法结束呼气。然后，再次慢慢吸气，充满腹部，如此循环下去。

四、瑜伽冥想

冥想是指在排除了一切杂念后，沉思、净虑的过程。冥想可以帮助我们放松大脑、释放压力和紧张情绪，使我们身心产生平衡和安宁，使心灵更容易产生反思、直觉、灵感和创造意识，可以更深层地消除紧张、焦虑和愤怒情绪，是获得内心快乐的途径。而且冥想还能改善血液循环，调节身体荷尔蒙水平。当我们意识集中、身体充分放松时，体内元气和能量就达到充分的恢复和凝聚。

第二节　瑜伽项目特点

一、瑜伽的特点

1. 练习时间

瑜伽练习没有严格的时间要求。瑜伽功法和其他体育锻炼不一样，可以一次练习比较长的时间，比如 30～60 分钟，也可以循序渐进、化整为零的练习，如早上可花 30 分钟练习一至七个动作，也可只花 5～10 分钟练习两个瑜伽功法，或者在白天休息的时候花几分钟再做一两个姿势，晚饭前又练习 2～5 分钟，然后睡前用几分钟练习一两个功法，这样每天就能练习好几个瑜伽功法。

2. 练习场地

瑜伽练习没有特别的场地限制。瑜伽练习在很多地方都可以练习，不一定非得在体操馆等设备昂贵的场所进行，也不需要很宽敞的场地，这也是便于学生进行瑜伽练习的一大优势。

3. 练习的安全性

瑜伽相对其他运动是一种最安全、最富有成效的健身方法之一。瑜伽简单易学，练习时也可使身体舒缓地伸展。它不同于健身操、形体操那些剧烈的运动，无需用力拉伸韧带，受伤的可能性很小，即使是一个从没有参加过任何其他运动项目的学生，也可以练习瑜伽。每个人伸展的程度不同，瑜伽只需你伸展到舒服的位置，稍稍保持一会儿，就达到锻炼的目的。

二、练习瑜伽时的注意事项

(1) 练习瑜伽时，摘掉首饰、手表，以赤脚为好，穿着宽松、舒适，以便身体能自由活动。

(2) 在过硬的地板或太软的床上不易练习，宜在安静、通风良好的室内练习。

(3) 要量力而行，动作缓慢，不要过度用力或勉强做动作，不要刻意追求“标准”。要专注地保持有规律、较深沉的呼吸，这有助于身体放松。

(4) 开始瑜伽练习前应排除大小便，减轻负担。练习瑜伽前后 1 小时内不要用餐。

(5) 月经期间可选择些较轻松的姿势来做，不做犁式、肩立式和一些增加腹压的姿势。

(6) 大病初愈或手术后不要立即做瑜伽练习。

(7) 有心脏病、高血压、糖尿病的患者以及有脊柱关节伤病的人，须经医生同意后才可练习。

(8) 妊娠期间必须慎选姿势，或者只练习呼吸法。生育两个月后，须经医生同意后方可练习。

三、学习瑜伽的原则

(1) 任何运动前都应做热身操，以避免运动损伤，瑜伽也不例外。

(2) 以愉悦、平和的心情来进行瑜伽练习，可配上轻松、舒缓的音乐。

(3) 每一个瑜伽动作都应平缓地完成，并配合有规律的深呼吸来帮助身体放松。

(4) 练习时要将意识专注到被伸展和被刺激的部位上。不可说笑或存有杂念。

(5) 每做完一个瑜伽姿势或当日完成所有瑜伽练习后，必须做瑜伽放松式，来松弛瑜伽动作造成的紧张感，帮助自己进入冥想状态。

第三节　瑜伽动作

一、瑜伽热身

1. 三角伸展式

自然站立在垫子上，双臂垂放于身体两侧，双脚打开，约两肩宽。两臂侧平举，上半身向左侧慢慢倒下，左手手掌触地。右臂伸直，指向天空，扭转头部，眼睛向右手尖的方向。

上半身慢慢回到正中，开始另一侧的练习。

功效：促进血液循环，使肌肤充满光泽，增强身体的柔韧性和灵活性。

2. 简易坐

坐在垫子上，挺直腰背部，两腿向前伸直，头部方正，双手分放在两腿上。弯曲双腿，将左脚压在右大腿下，右脚压在左大腿上，双手呈莲花指。

功效：能加强髋关节、膝关节和踝关节的强度和柔韧性，滋养神经系统，使心灵安定、内心平和。

二、瑜伽姿势

1. 猫伸展式

做法：双手、双膝和小腿着地，两大腿、两手臂与地面垂直。吸气，抬头向上看，腰部下沉翘起臀部。呼气，放松颈部，低头，含胸，收缩腹肌，拱起后背，如图 14－3－1 所示。

练习效果：放松肩、颈部，收缩腹肌，减轻痛经，改善月经不调、子宫下垂。

练习次数：一呼一吸为 1 组，做 5～6 组。

图 14－3－1

2. 吉祥坐

做法：挺直腰背坐于垫子上，弯曲双腿，将左脚脚跟靠在右大腿处，右脚自然地放在左大腿和左小腿之间。双手呈莲花指样，手臂、肩部保持放松，如图 14－3－2 所示。

练习效果：具有定心安神的作用，保持身体的平衡性。使骨盆区域的血液循环得到充分的血液供给，有提升臀部曲线的作用。

练习次数：左右腿轮换，重复做 3～4 次。

图 14－3－2

3. 风吹树式

做法：自然站立在垫子上，双腿并拢，踮起脚尖、吸气，右臂在头顶上方伸直，靠近右耳。呼气，腰部以上部位慢慢向左弯曲，如同挺直的树干被风吹弯，手臂跟着向左倾斜，头部侧看天花板吸气，开始另一侧练习，如图 14-3-3 所示。

练习效果：改善腰部和脊柱的柔韧性，消除腰部多余脂肪，对腹腔内脏有按摩功效，可加强消化系统功能。

练习次数：左右重复练习 4～5 次。

图 14-3-3

4. 肩倒立式

做法：仰卧，两手掌心朝下，按住地面，两腿并拢绷直，慢慢举起，吸气，双腿继续向前伸展，臀部和背部离开地面，双手扶腰，双肘支撑在地面上，小腿回收，使腿部和躯干与地面垂直，双眼正视前方。呼吸，慢慢还原，恢复仰卧姿势，如图 14-3-4 所示。

练习效果：消除小腿肿胀，帮助减少腿部、腹部脂肪。

练习次数：重复 3～4 次。

图 14-3-4

5. 下半身摇摆式

做法：平躺，吸气，双手交叉抱头、屈膝，使两小腿与地面平行。呼气，双腿慢慢向左倒，腰部扭转，上半身保持不动，头部向右，吸气还原，呼气向相反方向，如图 14-3-5 所示。

练习效果：增强腰背部肌肉，防止运动扭伤，按摩背部和肩部，促进血液循环，纤细腰部。

练习次数：两侧轮换，重复 5～8 次。

图 14－3－5

6．展肩后屈式

做法：腰背挺直站立，双脚并拢，双手向上伸展，两掌交叉抱拳，食指指向天空。吸气，双臂带动上体向后伸展；呼气，背部弯曲，双腿保持不动，吸气，还原，如图 14－3－6 所示。

练习效果：锻炼脊柱，伸展手臂和腹部的肌肉，具有丰胸、提臀效果。

练习次数：重复练习 8 次。

图 14－3－6

7．喇叭狗式

做法：站立，双手叉腰，两脚尽量向两侧，头后仰，吸气，背部弓起，继续向下，双手落于垫子，抬头，眼睛目视前方。呼气，双肘弯曲，头顶落于两手之间，还原，如图 14－3－7 所示。

图 14－3－7

练习效果：伸展脊柱，锻炼腿部肌肉群，纠正不良体态，促进面部血液循环。

练习次数：重复练习 3 次。

8. 狮子式

做法：跪坐在地，呼吸，身体向前倾，手掌、双膝、小腿后仰。呼气，抬头目视两眉之间，张嘴用力将舌头向下伸，然后全身放松，如图 14-3-8 所示。

练习效果：锻炼脸部肌肉，消除脸部皱纹。

练习次数：重复练习 3 次。

图 14-3-8

9. 前伸展式

做法：端坐，两腿并拢，腰背直立，双手放于臀部后方，指尖向前。呼吸，收缩腹部，手掌支撑，臀部慢慢抬起离地，头后仰，身体成斜面状，如图 14-3-9 所示。

练习效果：放松颈部关节，纠正含胸、耸肩毛病。

练习次数：重复练习 3 次。

图 14-3-9

10. 鸵鸟式

做法：两腿分开与肩同宽，吸气，挺直上身，重心在双脚掌上。呼气，上半身俯身向下，双手移至脚心上面，保持腿部伸直。平稳呼吸，身体还原，如图 14-3-10 所示。

练习效果：保护锻炼心脏健康，美化和拉伸颈部。

练习次数：重复练习 3～5 次。

图 14-3-10

11. 坐山式

做法：莲花坐，双手十指交叉，吸气，双臂向上伸展，翻转掌心，双臂尽量向后、向上伸展。呼气，低头，下颌尽量靠近锁骨。吸气，头部还原，呼气，慢慢松开双手，还原。如图 14-3-11所示。

练习效果：缓解肩部僵硬感，减少肩部疼痛，增强肩部灵活性。

练习次数：重复练习 6～8 次。

图 14-3-11

12. 展胸后仰式

做法：站立，双脚与肩同宽，上体后仰，双手拖住背部，髋关节前推，下巴对着天空。吸气，右手离开背部，从前后伸展，与胸部成一直线。呼气，还原。吸气，换左手，如图 14-3-12所示。

练习效果：锻炼胸肌，缓解背部酸痛，美化背部线条。

练习次数：上手交替轮换，重复 3～4 次。

图 14－3－12

13. 吉祥式

做法：坐于垫子上，双腿屈膝，脚心向上，膝盖碰地，调整呼吸。双手胸前合十，指尖向上，抬头挺胸，目视前方，如图 14－3－13 所示。

练习效果：减少背部多余脂肪，具有扩展胸部作用。

练习次数：反复练习 5 次。

图 14－3－13

14. 眼镜蛇式

做法：俯卧，两腿并拢伸直，脚背着地，下巴贴地。弯曲双手肘，双手置于肩膀下。吸气，双臂伸直，下颌抬高，头后仰，上身离开地面，腹部一下贴于地面，如图 14－3－14 所示。

图 14－3－14

练习效果：锻炼脊柱，增强消化功能，消除便秘。

练习次数：重复练习 5～6 次。

15. 牛面式

做法：坐于垫子上，背部挺直，双腿弯曲，两腿折叠，双手放于身体两侧，右臂弯曲，在背部从上往下，左臂弯曲，在背部与右手相扣，用力拉伸，如图 14－3－15 所示。

练习效果：充分拉伸手臂两侧，减少手臂后侧多余脂肪。

练习次数：重复交替练习 4～5 次。

图 14－3－15

16. 三角扭转式

做法：站立，腰背直立，双脚分开约两肩宽，两臂侧平举，与肩平行。调整呼吸，以腰部为支点，身体向左侧旋转，右手握住左脚，左手指向天空。调整呼吸，交换练习，如图 14－3－16所示。

练习效果：增强脊柱下部血液循环，锻炼腰部肌肉，缓解腰部酸痛。

练习次数：重复练习 4～6 次。

图 14－3－16

17. 两侧摇摆式

做法：金刚坐，双手放在大腿上。吸气，右手移到身体右侧，臀部抬离脚跟，腰部扭动，左手向上伸展。调整呼吸，还原交替练习，如图 14－3－17 所示。

练习效果：锻炼腹部肌肉，加强腰侧运动，拉伸腿部韧带，有瘦腰功效。

练习次数：重复交替练习 10 次。

图 14-3-17

18. 战士三式

做法：站立，腰背直立，双脚分开约三肩宽，左脚左转 90°，两臂向两侧展开，掌心向下。吸气，弯曲左膝，使左大腿与地面平行。身体左转 90°，双手向上伸展，在头顶合十。调整呼吸，上身慢慢前倾，绷直左腿，右腿抬起，与地面平行，双手指向头部方向，如图 14-3-18所示。

练习效果：增强腹壁肌肉，加强肺部功能，消除肠胃不适，预防和治疗腿部痉挛。

练习次数：双腿轮换，重复练习 3～4 次。

图 14-3-18

19. 船式

做法：仰卧，身体放松，双脚并拢，双腿伸直，掌心向下。吸气，上身慢慢抬起，两臂向前平举，两腿抬离地面，指尖和脚尖方向一致。呼气，还原。吸气，再次将上半身和腿部抬起，臀部支撑全身重量。两臂向前伸直，双手握拳，拳心向下，如图 14-3-19 所示

图 14-3-19

练习效果：锻炼腰腹部的肌肉，促进肠道蠕动，改善消化功能。

练习次数：重复练习 3～4 次。

20. 跪立式

做法：金刚坐，吸气，夹紧臀部，大腿和臀部微微上移，使大腿和小腿成 45°角，屏住呼吸，保持 10 秒，慢慢还原，如图 14－3－20 所示。

练习效果：增强臀部弹力，促进下半身血液循环，增强身体抵抗力。

练习次数：重复练习 8 次。

图 14－3－20

21. 踩单车式

做法：仰卧，双手放于大腿两侧，抬高大腿，左腿屈膝，假设自己在踩自行车，双脚按顺时针蹬，然后逆时针蹬，各 6～10 次。保持平稳呼吸，放松身体，回位，如图 14－3－21 所示。

练习效果：锻炼大腿肌肉，促进下半身血液循环，增强腿部柔韧性，帮助消除腿部多余脂肪，美化腿部线条。

练习次数：重复练习 5～6 次。

图 14－3－21

22. 树式

做法：腰背挺直站立，双手自然下垂，屈左膝，将左脚抬高至右大腿处，右腿绷直，双手合十在头顶上方，双臂尽量向上伸展，如图 14－3－22 所示。保持 10 秒，换另一侧练习。

练习效果：增强双腿柔韧性，促进关节血液循环，消除“大象腿”。

练习次数：重复练习 5 次。

图 14－3－22

23. 站立单腿抱膝式

做法：腰背挺直站立，双手自然下垂，吸气，屈右膝，右腿向上抬高，右脚尖朝下，双手抬起右膝。呼气，用力将右膝抬高靠近胸部，保持 30 秒，如图 14－3－23 所示。慢慢放松还原，换另一侧。

练习效果：锻炼膝关节的柔韧性，拉伸大腿后侧肌肉，美化腿部线条。

练习次数：双腿轮换，重复练习 6 次。

图 14－3－23

24. 幻椅式

做法：腰部挺直站立，双脚并拢，两臂向上举，在头顶合十。调整呼吸，屈膝，身体慢慢下放，臀部向后坐，胸部向后收，如图14－3－24所示。保持 30 秒，慢慢放下，恢复站姿，放松身体。

练习效果：加强膝关节的柔软度，消除膝关节部位的多余脂肪，使腿部显得更加具有骨感。

练习次数：重复练习 4～8 次。

图 14-3-24

25. 顶峰式

做法：背部直立跪于垫子上，脚跟踮起，臀部离开脚跟，身体前倾，大腿与地面垂直，手心贴地，调整呼吸，身体呈三角形，调整呼吸，手臂不动，慢慢的使身体向双腿靠拢额头碰垫面，如图 14-3-25 所示。

练习效果：改善腿部水肿现象，防止腿部静脉曲张，修饰小腿线条，缓解脚跟疼痛和僵硬。

练习次数：重复练习 3～5 次。

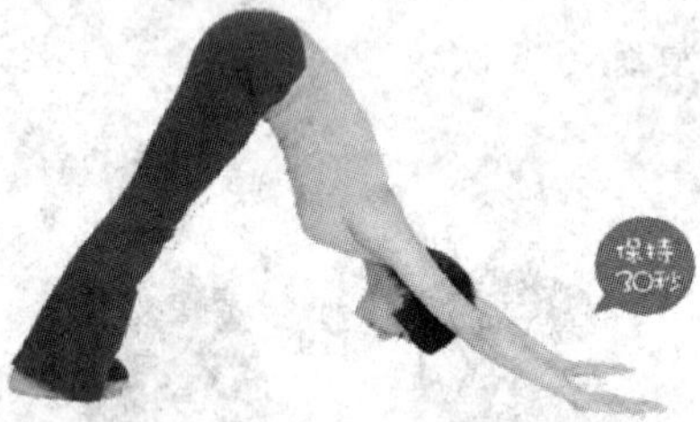

图 14-3-25

第十五章　和　球

和球是继承中国唐代隔网蹴鞠游戏，又融合现代西方竞技体育规则而成的一项民族创新型运动，如图 15－0－1 所示。此项运动追求“和于身”“和于人”“和于自然”，最终达到“和而乐”的境界，因此以“和球”命名。

图 15－0－1　和球运动

第一节　和球运动概述

和球(Uniball)运动诞生于 2008 年，由体育职业工作者姜中和先生历经 5 年研究而创建，后由国际和球联盟(IUU)予以修订与完善。和球传承了中国唐代隔网蹴鞠游戏，又融合了西方现代竞技体育规则，是一项赛起来好看、学起来容易、玩起来有趣的现代民族体育运动。

“竞和”是和球运动的文化核心，承袭《易经》里“天行健君子以自强不息，地势坤君子以厚德载物”，自然、和谐的东方文化理念。“竞”是崇尚竞争，不懈追求胜利；“和”是团结协作、驾驭胜负，提升运动者的体力、智力和心力，追求“和于身”“和于人”“和于自然”，最终达到“和而乐”的境界。

第二节　和球基本技战术

一、和球基本技术

和球是一项隔网对抗的集体球类项目，比赛每方上场两男两女，运用传、垫、扣、拦、发、挡、顶、踢、颠、勾、抹、吊等全身技术进行比赛。每次进攻全队击球总次数不得超过 4 次，其中上肢击球次数不得超过 2 次。运动员可以连击，但是击球次数计入全队击球总次数。球网的中央有一个长方形空洞，是沿袭自唐代隔网蹴鞠的“风流眼”，通过“风流眼”的攻防必须使用头、脚等非上肢身体部位，在网上的攻防可用身体各个部位击球。因此，和球的基本技术可以说是足球基本技术和排球基本技术的融合，包括双手垫球、用脚传球、头球、扣球、拦网等。

1. 准备姿势

准备姿势动作规范是两脚左右开立，略比肩宽，一脚在前，两脚尖适当内收，脚跟稍提起，膝关节保持一定的弯曲程度。上体前倾，重心靠前，膝关节投影超出脚尖，两臂自然弯曲，两手置于腹前，两眼注视来球，两脚始终保持微动。

2. 移动

1）并步移动

当来球距身体一步左右时采用并步移动。一脚蹬地，一脚向前或侧方迈出一步，当前脚落地时，另一脚迅速跟上，成击球前的准备姿势。连续并步即“滑步”。

2）跨步移动

当来球较低，离身体 1 米～2 米时采用跨步移动。一脚蹬地，向前或侧方跨出一大步，膝部弯曲，上体前倾，身体重心移至腿上，另一腿自然伸直或随重心移动，及时跟上成击球的准备姿势。

3）交叉步移动

交叉步(以向右侧交叉移动为例)是从准备姿势开始，移动时上体稍右转，左脚从右脚前向右交叉迈出一步，然后右脚向右侧方跨出一大步，同时重心移至右脚，身体转向来球方向，保持好准备姿势。

3. 正面垫球

移动对正来球，身体成半蹲姿势，两脚前后开立，重心略前移。当球接近腹前时，两手掌根紧靠或两手互握，手腕下压，两臂外旋成一平面。击球时，两臂并拢前伸插到球下，肩关节放松，蹬腿，身体向前上方运行的同时，抬臂迎击来球。击球前，手臂要放松，以便灵活地对准球。

4. 发球

脚背内侧踢发球的动作规范是支撑脚以脚掌外沿积极着地，踏在球的侧后方 20 厘米～25 厘米处，屈膝，支撑脚脚尖指向出球方向，身体稍向支撑脚一侧倾斜。在支撑脚着地的同时，踢球腿以髋关节为轴，大腿带动小腿由后向前摆，在身体转向出球方向、膝关节摆到接近球的内侧正上方的刹那，小腿做爆发式前摆，脚尖稍向外转，脚面绷直，脚趾扣紧，脚尖指向斜下方，以脚背内侧踢球的后中部(踢高球时，击球的中下部)，踢球腿随球继续前摆。

5. 踢球

1）脚内侧踢传球

根据来球速度和运行轨迹及时移动到位，身体重心移至支撑脚上，当球下落到膝关节高度时，传球脚屈膝盘腿，脚内侧向上摆，脚内翻，轻击球的底部，将球向上传起。

2）脚背正面踢传球

支撑腿的膝关节微屈，身体重心移到支撑脚上，当球落至低于膝关节(离地面约 20 厘米)时，颠球脚的膝关节、踝关节适当放松，并柔和地向前上方甩动小腿，脚尖稍翘起，用脚背轻击球的底部，将球向上垫起。

6. 头顶球

两脚左右或前后开立，膝关节微屈，身体重心下降于两脚间，两臂屈肘自然张开，头后仰使前额正面成水平状态，当球下降到接近前额正面时，两脚同时柔和地向下蹬地，伸膝，用前额正面轻击球的底部，将球向上颠起。

7. 大腿颠球

支撑腿膝关节微屈，身体重心移至支撑脚上，两臂自然张开，当球下落到接近髋关节高度时，颠球腿屈膝上摆，当大腿摆到成水平状态时击球的底部，将球向上颠起。

8. 传球

1）正面上手传高球

迅速移动，面对传球方向，两手置于脸前。传球时，伸展身体，伸臂，并利用手指、手腕的弹力将球传出去。手触球时，击球点在额前上方，肘弯曲，食指自然张开呈半球状，以手指触球，手指手腕有一个缓冲过程，以便于控制球。

2）背传高球

准备动作和正面传高球一样。传球时，击球点偏向头上方，手腕缓冲球后有明显的后翻动作，同时拇指也有明显的后挑动作。屈肘抬臂，上体后仰伴随送球。

3）传快球

传快球的动作方法与传高球基本相同，但不需要全身协调用力配合，主要是以手指、手腕的弹力将球传在网上 20 厘米～30 厘米高度处，并主动送到扣球人手中，以便于进攻。

4）跳起正面传高球

跳起在空中，主要靠加快伸臂和主动屈指、屈腕动作将球传出。用正面传高球的动作传离网较远的球，由于传球距离较长，身体动作要大一些，必要时脚可伴随传球动作蹬离地面。

5）移动调整传球

移动调整传球是每名队员都必须掌握的技术，它的动作与正面传高球相同。如果一传不到位，不仅需要移动找球，而且传球的距离也较远。

9. 垫球

1）体侧垫球

如球飞向左侧，则左脚随即左移一步，上体略向左转，左肩压低，使手臂仍然形成平面，向左侧伸出截住来球的飞行路线。击球时身体略右转，手臂击球的平面对准出球方向。

2）背垫球

击球点要在胸前稍高处。击球时身体后仰，用直臂向后上方抬的动作把球垫向自己的后上方。以前臂前部垫球，垫球后立即转身准备做下一个动作。

3）侧倒垫球

向来球方向侧跨一大步，以前脚掌为轴转动身体对正来球，用正面接低球的方法接球，接球后以跨出脚同侧的臀部外侧及背部顺次滚动倒地，并自然伴有收腹动作。身体平衡后，立即利用摆腿、收腹的力量起立。

4）前扑垫球

向前跨步的同时，上体迅速前倒并向前扑出，一手支撑，另一手用手掌、拳或手背，靠伸臂上抬动作和手腕的力量击球的下部，击球后立即扶地支撑身体，使身体缓冲着地。

5）滚翻垫球

迅速向来球方向移动，跨出一大步，重心下降，上体前倾，使胸部贴近大腿，重心完全落在跨出腿上，双臂或单臂伸向来球，同时两脚用力向后蹬地，使身体向来球方向伸展，用前臂、虎口或手腕部位击球的下部。击球后在身体失去平衡的情况下，顺势转体，依次用大腿外侧、背部、跨出腿的异侧肩着地，同时低头、含胸、收腹、团身，通过跨出腿同侧肩部做后滚翻动作，并顺势迅速起立。

6）鱼跃垫球

采用半蹲准备姿势，上体前倾，重心前移，向前做助跑或原地用力蹬地，使身体向来球方向腾空跃出，手臂向前伸展，插到球下，用单手或两手击球的后下部。击球后两手在体前身体重心运动的方向线上着地支撑，两肘缓慢弯曲，同时抬头、挺胸、展腹，两腿自然弯曲，使身体呈反弓形，以手、胸、腹、大腿依次着地。

10. 扣球

1）正面扣高球

助跑步幅由小到大，速度由慢到快，助跑的最后一步要大，右脚跟先着地，减缓助跑的前冲力，左脚迅速跟上，踏在右脚的左前方。两臂用力由后经体侧往前上方摆动的同时，用展腹、伸髓、两脚蹬地的全身协同动作垂直起跳。随起跳时手臂上摆的动作，挺胸展腹，上体右转，右臂后引；然后借肌肉的反弹力猛力向左转体，收腹含胸，带动右臂向前上方做鞭打动作，在头的前上方甩至手臂的最高点，用全手掌击球的后上部，并伴随手腕、手指的推压动作使扣出的球呈上旋。击球后尽量保持身体平衡，平稳地以前脚掌先落地并屈膝缓冲。

2）转体扣球

在扣球时，有意把球让到左面起跳，身体随着起跳动作向左转。转体动作带动挥臂，以加强击球力量，使球仍保持在前上方。

技术要点：边起跳边转体，并利用身体移动带动手臂击球。

3）转腕扣球

转腕扣球的技术动作与正面扣高球相同，但在击球时用向左转动手腕的动作偏击球的右侧来改变球的路线，或向右转腕击球的左侧来改变扣球的路线，以避开拦网。

技术要点：挥臂后突然转腕，偏击球的一侧，使拦网人不易判断。

4）单脚起跳扣球

取与网成 30°角左右的方向助跑。根据与前卫的距离，可以采取一步、两步或三步助跑，左脚跨出最后一大步，着地时减缓向前的冲力，重心后移，右脚顺势用力向上屈膝抬起，两臂也随之上摆，使身体向上腾起。空中击球和落地动作与双脚起跳扣球相同。

技术要点：因前方有前卫，故最后一步要大，使身体重心后移，摆动腿屈膝垂直上抬以控制前冲；起跳动作与挥扣动作要非常连贯，节奏要快。

5）轻打

用正常的正面扣球的助跑起跳和挥臂动作，在最高点时突然控制挥臂速度，手腕放松，以手掌包满球，击球中下部，轻轻向前上方推搓，使球呈弧线超越拦网人的手，落在对方前场的空当。

技术要点：起跳和挥臂动作要逼真，不能暴露轻打的意图；轻打动作要求手柔和放松，有向上推搓的动作；球的落点要在拦网人的背后，距网尽量近些；最好在拦网者下落时采用。

6）扣远网球

扣远网球的技术动作与正面扣高球基本相同，收腹动作可以加大。击球点适当后移，保持在击球手的肩上方。击球部位在球的中部，使扣球的出手角度较平。

7）扣调整球

扣调整球的技术动作与正面扣高球基本相似，由于调整球多从身体侧后方飞来，因此要保持好人与球的位置关系，即在近网和调整球时要让球飞行到最佳击球点(头的前上方)，再击球。

8）原地起跳扣球

原地起跳扣球的空中动作与正面扣高球相同，但起跳要利用短促用力的踏地动作，并尽量发挥上臂摆动的作用以增加高度。

9）扣快球

扣快球的技术动作与正面扣高球基本相同，但身体动作和手臂后引的动作要小，主要靠前臂和手腕动作击球。击球后要提肩、屈肘，使前臂有回收动作。击球点可稍偏前上方。

11. 拦网

面向球网近网站立，两脚与肩同宽，两臂屈肘置于体前，两手五指张开，注意观察对方传球飞行及扣球人助跑起跳的情况。当扣球人起跳后，拦网者随之起跳。这时两眼不能只盯着球，而要观察扣球人挥臂的动作方向。根据具体情况，可采取两种拦网技术：第一种要将球拦在对方场内，双臂贴近网沿，伸过球网，向对方手臂挥动的方向伸手拦球，同时含胸收腹、提肩压腕、下压扣球；第二种情况要将球拦出本方场外，双臂后仰，向对方手臂挥动的方向伸手挡球，使球飞出本方场区。

二、和球基本战术

和球四次击球的任务分别为防(防守)、调(调整)、组(组织)、攻(进攻)。运动场上的位置主要分为正挟和散立。

正挟主要负责进攻的组织，也可以自己进攻。一般站在网前右侧，与风流眼右边平齐，这样便于传球给散立实施进攻，也便于通过风流眼自己进攻。

散立负责进攻和防守，分为左散立、中散立和右散立。接发球时，一般采用三散立接发球的方式，左散立站在左侧边线底端附近，中散立站在底线外中路附近，右散立站在右侧边线底端附近。各自负责各自区域的接发球任务。

1. 基本站位

1）弧线站位(见图 15－2－1)

弧线站位指一名队员站在网前，主要负责组织进攻和网上球的处理，其余三名队员成弧形站在后半场的左、中、右三个位置。

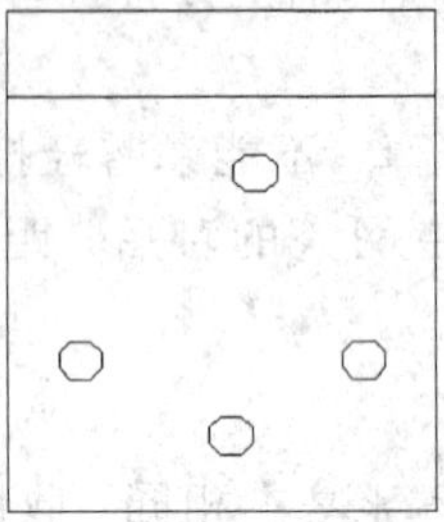

图 15－2－1　弧线站位

2）梯形站位(见图 15－2－2)

梯形站位指两名队员相对集中站在前场，两名队员略微靠边站在后场的站位方式。前场队员主要负责前场的防守，后场队员主要负责后场。

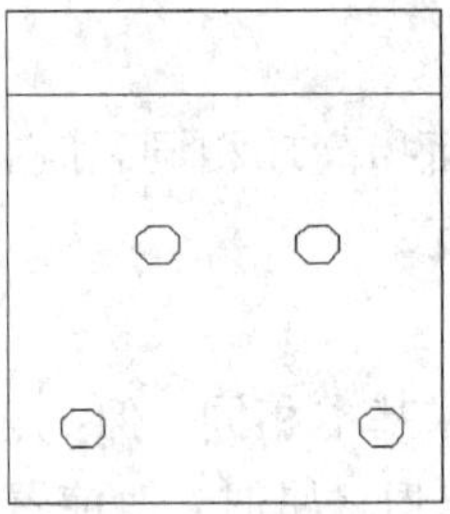

图 15－2－2　梯形站位

2. 常见进攻战术

1）风流眼头球进攻战术

防守队员用上手传球，一次完成防守和调整任务，正挟用上手传球将球低弧线传到风流眼偏左侧网前，左散立跟进风流眼头球进攻。

2）风流眼下踢进攻战术

防守队员用上手传球完成防、调，正挟用上手传球将球低弧线传到风流眼中间网前，中散立跟进风流眼下踢进攻。

3）风流眼侧踢进攻战术

防守队员用上手传球完成防、调，正挟用上手传球将球低弧线传到风流眼左侧网前，左散立跟进风流眼侧踢进攻。

4）网上强攻战术

防守队员用非上肢身体部位将球传给正挟，如果对方过来的球速慢，也没有远离网，可以用脚或头一次直接将球传给正挟(称为“防调合一”)；当接球难时度较大，则应采用先把球卸下到合适自己击球的高度和位置，然后再串联脚或头球调整的方式(称为“防调衔接”)。然后，正挟将球传至左侧网口，左散立跳起大力扣球。中散立和右散立跟进到场地中后部进行保护，防守对方拦网过来的球。

5）网上快攻战术

防守队员用非上肢将球传给正挟，中散立迅速跟进跳起，在空中做好扣球准备，正挟快速将球传至中散立击球位置，中散立完成快速扣球。

6）快攻掩护风流眼侧踢进攻

防守队员用非上肢身体部位将球传给正挟，中散立迅速跟进做快球进攻动作，正挟传球越过中散立传至左侧风流眼，左散立侧踢进攻。

7）快攻掩护风流眼头球进攻

防守队员用非上肢身体部位将球传给正挟，中散立迅速跟进做跳起假动作，正挟快速将球传至风流眼中间，中散立头球进攻。

8）一条龙进攻战术

防守队员自己完成防、调、组、攻的全过程。要求每一次击球将球向网前转移的同时，自身也要及时跟进。

3. 常见防守战术

1）三人半弧形接发球

正挟在网前准备接应、组织进攻，三名散立下撤成半弧形站位，防守对方发球，如图15－2－1所示。

2）四人接发球

正挟与三名散立下撤，成梯形站位，防守对方发球，如图15－2－2所示。

3）不拦网的防守战术

在对方进攻威力差，没有必要拦网时，可采用不拦网的防守阵型。一般可以采用接发球的站位阵型，两名防守型散立后撤，防后场的球，进攻型散立与正挟在网前接应的战术。

4）单人拦网的防守战术

在对方进攻威力不大或吊球较多时，可主动采用单人拦网防守阵型。它是指定拦网较好的队员去拦网，其他三名队员后撤成弧形站位的战术。

5）双人拦网的防守战术

当对方进攻威力较大时，防守一方、网前临近位置的两名散立或正挟配合组成双人拦网，其他散立组成防守的战术。

第三节　和球比赛规则

一、场地与器材

1. 比赛场地

和球比赛场地由两个等腰梯形（中线为9米，端线为7米、中线与端线距离为7米）和警示区（以中线的中点为圆心、半径为1.5米的中圈）组成的六边形比赛场地，如图

15－3－1所示。

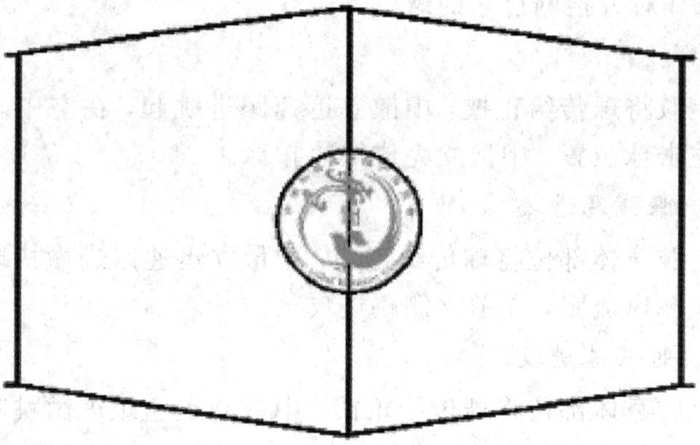

图 15－3－1

2. 比赛专用器材

和球比赛球网按身高分为公开级和 U175 级。公开级身高不限，男子网上进攻区球网高度为 2.40 米，女子网上进攻区球架高度为 2.20 米；U175 级则要求身高低于 1.75 米，男子网上进攻区球架高度为 2.20 米，女子网上进攻区球架高度为 2.00 米。和球网中间有一个 3.0 米宽、1.0 米高、下沿为椭圆弧形的空洞，距离地面 0.9 米，称为“风流眼”，和球以“风流眼”进攻及网上进攻构成其独具特色的功防体系，如图 15－3－2 所示。

和球为圆形，由柔软的皮革或合成革制成外壳，内装橡皮或类似材料制成的可充气球胆，圆周为 66 厘米～68 厘米，重量 240 克～250 克。

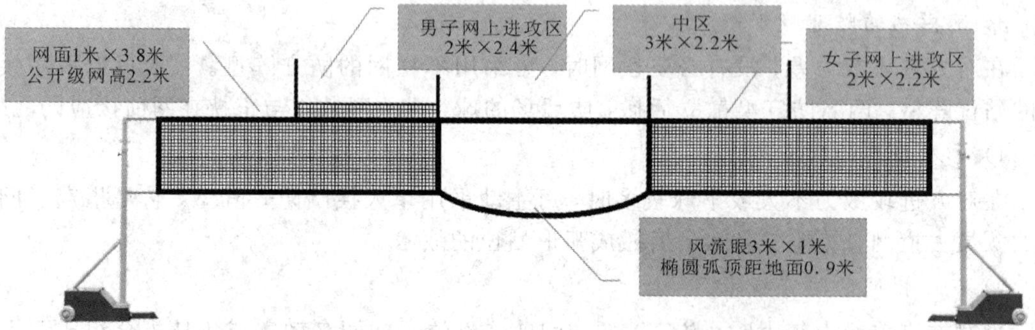

图 15－3－2

二、比赛规则

和球比赛采用计时盘局制，分上下半场，每半场分 2 节，每节净场时间 9 分钟。每半场单独计分，比分多者获得 1 个积分。全场比赛结束积分高者获得最终胜利，若双方全场比赛打成 1∶1，则加赛三分，先获得三分者获得最终比赛胜利，比分则为 2∶1。

和球运动双方队员必须用脚发球，球可以落地一次再接，也可以直接接球，但接球后球不得再落地。场上队员不得持球，不得踩中线，不得触网。发出的球可以从球架上方过球区或从风流眼通过进入对方比赛场地，也可以作为本方一回合进攻的起始环节（发球计为1次非上肢身体部位击球)。

如果参加比赛的队伍没有积分，则抽签决定积分优者，积分优者优先选择开场发球或接发球权。某方胜一回合则得分，一回合失利的一方获得下回合的发球权。普通进攻每次得分为1分，若是女运动员最后将球直接击落在对方比赛场地后无人触及形成死球则得2分。

第一节由选定发球权的队首先发球，第三节则由另一队首先发球。加赛抢3分时，积分优者(种子队)首先发球。球的整体从和球架边区标志杆以外的区域通过为界外球。球队获得发球权后，可以安排任何一个场上比赛队员完成发球任务，自主决定是否轮换。但是运动员已经站到发球区准备发球后则不得更换，否则判为“延误比赛”。

男运动员高于球架上沿的上肢击球进入对方比赛场地，不能通过女子进攻区和中区(风流眼)上空，否则视为违例；女运动员高于球架上沿的上肢击球进入对方比赛场地，不能通过男子进攻区和中区(风流眼)上空，否则视为违例。

和球礼节

(1) 自觉慎独。自觉遵守法规、纪律和竞赛规则，不胡作非为。
(2) 码放有序。个人物品不乱扔乱放，整齐有序。
(3) 人走场清。爱护环境，人走后要将自身携带的东西收拾干净。

第十六章　排　舞

排舞作为一项新兴体育运动，是从普通舞蹈逐渐演变而来，与普通舞蹈不同的是，排舞更具参与性。从字面意思就可以看出，排舞的参与人数较多，主要是指多人排着同一方向共舞的形式。编舞者按照所选音乐，以国际多元化舞步为元素，创编一套美观大方的有方向、节奏及重复规律的舞蹈动作。排舞注重培养学生的终身体育意识，不断增强体育趣味性，以最大限度调动学生的主观能动性，促进学生全面发展。

第一节　排舞概述

一、排舞的概念

排舞是以一段完整的歌曲或音乐为伴奏，以国际流行的多元化操舞动作为舞码元素，编者按照一定的规律编好的一套完整动作。它是高度兼容各种风格的一项全球化的、新型时尚的大众健身运动。它以有氧运动为基础，以身体练习和多变的步伐为基本手段，使练习者达到舒缓压力、调节身心状态、塑造形体以及增强身体协调性的目的。

二、排舞的发展及现状

排舞最早可以追溯到欧洲皇室，其最初是一种贵族舞蹈，20 世纪初才在社交中逐渐普及。当时的社交舞要求男女搭配进行，找不到舞伴的人便不能进行舞蹈，后来为了破除这一尴尬局面，美国人打破传统站位，排成一排排自己进行舞蹈，排舞也就随之产生了。直至 2004 年排舞才传入中国，并逐渐发展为大众化、标准化的舞蹈。2008 年借助奥运会的春风，在天安门广场进行了万人排舞表演。2014 年在杭州创造了 2 万多人参加的排舞吉尼斯纪录，使排舞在我国快速发展起来。现在大、中、小学中都开设了排舞课程。

三、排舞的价值

排舞历史悠久，跨越国家和时代的界限，可以说是集百家之大成，不仅动作优美，而且简单易学，极大地提高了舞蹈的参与性。排舞的配乐种类较多，且多为时尚新潮的音乐，这对崇尚自由、紧跟潮流的大学生来说，无疑大大增加了排舞的吸引力，同时有律动感的音乐也更加带动舞者的激情。另外，排舞不仅仅是将舞蹈与音乐进行单纯的结合，更包含了自由、博纳的价值观，将舞蹈的风情与人文理念发挥得淋漓尽致。当然，排舞一般来说是由一排排人组成的舞蹈，但并不局限于群体，个人也可以将排舞演绎得非常完美，形式非常多变。总的来看，排舞的动作优美、配乐富有感染力、崇尚自由、形式多变，是高校公共体育课设置中的重要课程。

四、排舞的分类

排舞分为两大类，分别是社交排舞和竞技排舞。其中竞技排舞分为华尔兹、快步、狐步舞、波尔卡、桑巴、摇摆舞、恰恰、曼波、伦巴、探戈、桑巴、摇摆舞、探戈、夜总会舞、爵士、现代舞、芭蕾、街舞、霹雳舞等舞蹈风格。排舞运动的内容有多样的舞蹈元素，体现出整体内容的多样性。

第二节　排舞的主要步伐

一、平衡步(节拍 1 2 3)

1 拍向前(后)一步，如图 16－2－1 所示。2 拍并步，如图 16－2－2 所示。3 拍原地踏步到双脚并拢，如图 16－2－3 所示。

图 16－2－1

图 16－2－2

图 16－2－3

二、恰恰步(节拍 1&2)

1 拍右(左)脚迈出，如图 16－2－4 所示。& 拍左(右)脚并步，如图 16－2－5 所示。2 拍右(左)迈步，如图 16－2－6 所示。

图 16－2－4

图 16－2－5

图 16－2－6

三、海岸步(节拍 1&2)

1 拍后退右(左)腿，如图 16－2－7 所示。& 并左(右)腿，如图 16－2－8 所示，2 拍向前一步，如图 16－2－9 所示。

图 16－2－7

图 16－2－8

图 16－2－9

四、藤步(节拍 1 2 3 4)

1 拍右脚向侧一步，如图 16－2－10 所示。2 拍左脚后交叉，如图 16－2－11 所示。3 拍向右脚侧一步，如图 16－2－10 所示。4 拍左脚前交叉，如图 16－2－12 所示。

图 16－2－10

图 16－2－11

图 16－2－12

五、爵士盒步(节拍 1 2 3 4)

1 拍右(左)脚前交叉，如图 16－2－13 所示。2 拍左(右)脚退，如图 16－2－14 所示，3 拍右(左)脚侧步，如图 16－2－15 所示。4 拍左(右)脚前交叉(并步、侧点等)，如图 16－2－16所示。

图 16－2－13

图 16－2－14

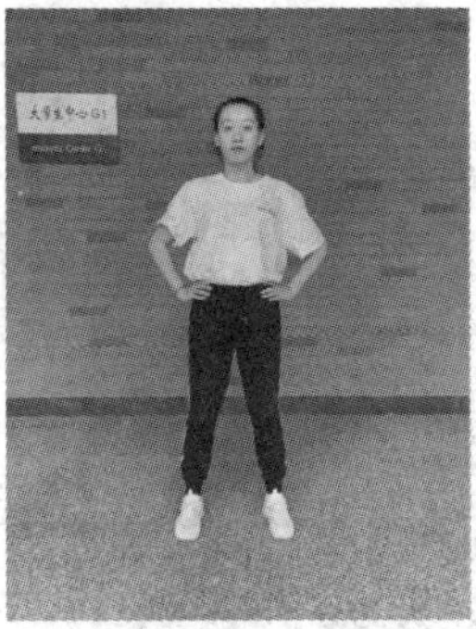

图 16－2－15

图 16－2－16

六、锁步(节拍 1&2)

1 拍右(左)迈步，如图 16－2－17 所示。& 拍左(右)交叉并步，如图 16－2－18 所示。2 拍右(左)迈步，如图 16－2－19 所示。

图 16－2－17

图 16－2－18

图 16－2－19

七、曼波步(节拍 1&2)

1 拍右(左)脚迈步，如图 16－2－20 所示。& 重心移回左(右)脚，如图 16－2－21 所示。2 拍右(左)并腿或后退一步，如图 16－3－22 所示。

图 16－2－20

图 16－2－21

图 16－2－22

八、摇摆步(节拍 1 2)

1 拍右(左)脚迈出，如图 16 - 2 - 23 所示。2 拍重心移至右(左)脚，如图 16 - 2 - 24 所示。

图 16 - 2 - 23

图 16 - 2 - 24

九、摇椅步(节拍 1 2 3 4)

1 拍右脚进，如图 16 - 2 - 25 所示。2 拍左脚后踏，如图 16 - 2 - 26 所示。3 拍右脚迈腿，如图 16 - 2 - 27 所示。4 拍左脚前踏，如图 16 - 2 - 28 所示。

图 16 - 2 - 25

图 16 - 2 - 26

图 16 - 2 - 27

图 16 - 2 - 28

十、伦巴盒步(节拍 1～8)

1 拍向右一步，如图 16－2－29 所示。2 拍并腿，如图 16－2－30 所示。3 拍向前一步，如图 16－2－31 所示。4 拍停顿，如图 16－2－31 所示。5 拍向左一步，如图 16－2－32 所示。6 拍并腿，如图 16－2－33 所示。7 拍向后一步，如图 16－2－34 所示。8 拍停顿，如图 16－2－34 所示。

图 16－2－29

图 16－2－30

图 16－2－31

图 16－2－32

图 16－2－33

图 16－2－34

十一、水兵步(节拍 1&2)

1 拍右(左)脚后交叉，如图 16－2－35 所示。& 左(右)脚拍向侧一步，如图 16－2－36 所示。2 拍右(左)脚向侧一步，如图 16－2－37 所示。

图 16－2－35

图 16－2－36

图 16－2－37

十二、桑巴步(节拍 1&2)

1 拍右(左)腿向左(右)腿前交叉，如图 16－2－38 所示。& 拍左(右)腿向侧一步，如图 16－2－39 所示。2 拍右(左)脚原地点地，如图 16－2－40 所示。

图 16－2－38

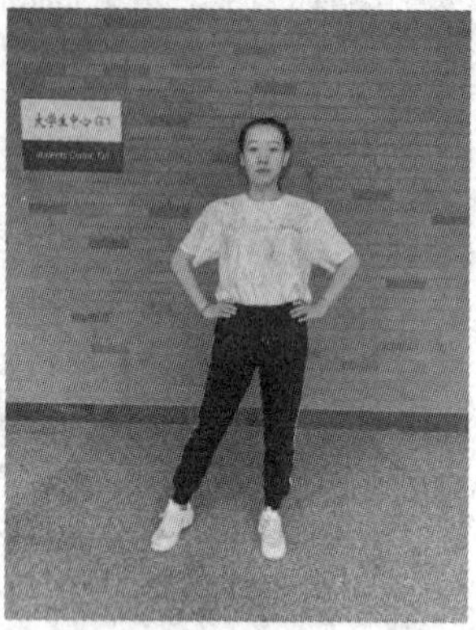

图 16－2－39

图 16－2－40

十三、剪刀步(节拍 1&2)

1 拍向侧一步，如图 16－2－41 所示。& 拍另一腿并步，如图 16－2－42 所示。2 拍再前交叉，如图 16－2－43 所示。

图 16－2－41

图 16－2－42

图 16－2－43

第三节　排舞的舞码

排舞舞码分为全向和单向原舞码。完成原舞码中规定的每个方向，称为完成全向原舞码动作。完成原舞码中规定的一个方向，称为完成单向原舞码动作。

舞码的难度级别可分为初、中、高三个级别。其中在初级舞码中，32－48 拍动作，可转 180°，一般为为四个八拍全向舞码重复完成；在中级舞码中，最多 64 拍动作，可转 360°，在高级舞码中，最多 132 拍动作，可做 A—B—C—D 组合，可转体超过 360°。

第四节　排舞的曲目《Gimme That Love》

1. 曲目简介

- 难度水平：初级。
- 风格：印巴。
- 拍数：32。
- 方向：2。
- 音乐：INNA Gimme Gimme。
- 时长：2 分 57 秒。
- 编舞：Suzi Beau & Glynn Applejack Rodgers。

2. 曲目舞码

前奏：2×8 拍。

第 1 个八拍：上步吸腿一后退点地，斜角迈步点地两次。

1－2　右脚向前一步，左腿前吸。

3－4　左脚后退一步，右脚在左脚边点地。

5－6　右脚向右前一步，身体转向右前，左脚在右脚边点地(10:30)。

7－8　左脚向左前一步，身体转向左前，右脚在左脚边点地(1:30)。

第 2 个八拍：向后交叉步，向左交叉步左转 90°擦点地。

1－2　右脚后退一步，左脚在右脚前交叉，身体转向右前(10:30)。

3－4　右脚后退一步，左脚在右脚边点地(12:00)。

5－6　左脚向侧一步，右脚后交叉。

7－8　左转 90°左脚向前一步，右脚经左脚边向前擦点地(9:00)。

第 3 个八拍：前点地＋摆髋——下落两次，后退四步。

1－2　右脚前点地，右髋前摆，右脚向前一步。

3－4　左脚前点地，左髋前摆，左脚向前一步

5－8　右脚开始后退四步，前腿稍留。

第 4 个八拍：向后摇摆步，上步左转 90°，V 字步。

1－2　右脚向后一步，重心移回左脚。

3－4　右脚上步左转 90°，重心移至左脚(6:00)。

5－6　右脚向右前一步，右髋前摆，左脚向左前一步，左髋前摆。

7－8　右脚还原，左脚并右脚。

做 V 字步时，可伸出手做“给我”的手势。

注意：在面向 12:00 做第 9 次的时候，16 拍后有一个 2 拍的停顿，然后继续进行。

总共重复 10 次加 2 个八拍结束。

参考文献

［1］ 袁守龙. 大学体育与健康[M]. 北京：中国工信出版集团，人民邮电出版社，2019.

［2］ 毛振明. 现代大学体育[M]. 北京：教育科学出版社，2015.

［3］ 王林，张磊. 新编大学体育与健康教程[M]. 西安：西安交通大学出版社，2014.

［4］ 袁建国. 大学体育与健康教育教材[M]. 西安：西安交通大学出版社，2014

［5］ 郝光安，冯青山，丁兆峰. 大学体育教程[M]. 北京：人民体育出版社，2014.

［6］ 葛监，曲丽萍，夏飞. 高职体育与健康[M]. 西安：西安交通大学出版社，2015.